westermann

AF867776

P.A.U.L. D.

Persönliches Arbeits- und Lesebuch *Deutsch*

5

Arbeitsheft

Erarbeitet von:
Thomas Epple, Mareike Hümmer-Fuhr, Nicole Reed,
Gerda Richter, Thomas Rudel

Mit Beiträgen von:
Johannes Diekhans und Michael Fuchs

Die Lösungen zu den Übungen befinden sich in der separaten Beilage.

Das Arbeitsheft ist in zwei Varianten erhältlich.

Arbeitsheft	Arbeitsheft mit interaktiven Übungen
ISBN 978-3-14-**128934**-3	ISBN 978-3-14-**128935**-0
Druck A² / Jahr 2026	Druck A² / Jahr 2026

Alle Drucke der Serie A sind im Unterricht parallel verwendbar.

Umschlaggestaltung: LIO Design GmbH, Braunschweig; Foto: iStockphoto.com/danang setyo nugroho (Glühbirne); iStockphoto.com/danang setyo nugroho (Federkiel und Tintenfass); iStockphoto.com/igoriss (Bücher); iStockphoto.com/PeopleImages (Junge); iStockphoto.com/Garkusha, Tetiana (Apfel)
Druck und Bindung: Westermann Druck GmbH, Georg-Westermann-Allee 66, 38104 Braunschweig

Inhaltsverzeichnis

Liebe Schülerin, lieber Schüler,

dies ist dein persönliches Arbeitsheft aus der Reihe P.A.U.L. D. Du kannst direkt in das Heft schreiben, Wörter unterstreichen, markieren oder auch zeichnen. Manche Aufgaben musst du allerdings in deinem Deutschheft lösen. Andere Aufgaben tragen ein Symbol:

Einzelarbeit : Diese Aufgaben musst du alleine lösen.
Partnerarbeit : Diese Aufgaben löst du mit einer Partnerin bzw. einem Partner.
Gruppenarbeit : Bei diesen Aufgaben arbeitest du in der Gruppe.

Zu diesem Arbeitsheft gibt es ein Lösungsheft, mit dem du deine Aufgaben überprüfen kannst. In manchen Fällen gibt es mehrere Möglichkeiten, eine Aufgabe zu bearbeiten. Arbeite dann mit einem Lernpartner oder einer Lernpartnerin zusammen und vergleicht eure Lösungen. Sicher hilft euch bei Fragen auch eure Lehrerin oder euer Lehrer.

Wie auch im dazugehörigen Schülerband findet ihr im Arbeitsheft wiederkehrende Elemente:

- Immer wenn du dieses Symbol siehst, werden dir wichtige Methoden sowie Fachbegriffe und zentrales Wissen aus dem Deutschunterricht vorgestellt, das dir bei der Bearbeitung der Aufgaben hilft.
- Manchmal findest du im Kapitel auch dieses Symbol. Dann erhältst du konkrete Hinweise zu Merkschreibungen in der Rechtschreibung und Grammatik. Hier geht es also darum, sich bestimmte Schreibweisen einzuprägen.
- Rechtschreibung kann man lernen – wenn man die Regeln kennt, nach der die Sprache funktioniert. Dieses Symbol weist auf regelgeleitete Schreibungen hin, die du einübst.

Wissen und Können

Merke

Regel

Ergänzt wird das Arbeitsheft durch digitale Materialien. Achte hierzu auf dieses Symbol: .
Hier findest du Hörtexte, Diktate oder auch zusätzliche Arbeitsblätter, die dir bei der Bearbeitung der Aufgaben helfen. Um die Materialien aufzurufen, scannst du den QR-Code, den du auf der Randspalte findest. Alternativ gehst du auf die Internetseite www.westermann.de/webcode und gibst dort den entsprechenden Webcode in das Suchfeld ein.

Kleines Lesetraining

1 In dem folgenden Text sind an zwei Stellen zwei Zeilen vertauscht. Schreibe unter den Text, welche Zeilen vertauscht sind.

Erich Kästner (1899 – 1974)

Die Konferenz der Tiere

Eines schönen Tages wurde es den Tieren zu dumm. Der Löwe Alois, der sich mit Oskar, dem Elefanten, und dem Giraffenmännchen Leopold wie immer freitags zum Abendschoppen am Tschadsee in Nordafrika traf, sagte, seine Künstlermähne schüttelnd: „O diese Menschen! Wenn ich nicht so blond wäre, könnte ich mich auf der Stelle schwarzärgern!“

Oskar, der Elefant, drehte sich unter dem eigenen hoch erhobenen Rüssel, besprengte, wie unter einer lauen Badezimmerdusche, den Rücken, räkelte sich faul und brummte etwas im tiefsten Bass vor sich hin, was die beiden anderen nicht verstanden.

am Wasser und trank in kleinen hastigen Schlu-
Die Giraffe Leopold stand mit gegrätschten Beinen
cken. Dann meinte sie, ach nein, er: „Schreckliche Leute! Und sie könnten’s so hübsch haben! Sie segeln wie die Enten, sie klettern wie die Gäm-
tauchen wie die Fische, sie laufen wie wir, sie
sen und fliegen wie die Adler, und was bringen sie mit ihrer Tüchtigkeit zustande?“

„Kriege!“, knurrte der Löwe Alois. „Kriege brin-
gen sie zustande. Und Revolutionen. Und Streiks. Und Hungersnöte. Und neue Krankheiten. Wenn ich nicht so blond wäre, könnte ich mich auf der Stelle ...“

„... schwarzärgern“, vollendete die Giraffe den Satz. Denn den kannten die Tiere der Wüste längst auswendig. *(Text verändert)*

Vertauscht sind die Zeile _____ mit der Zeile _____ und die Zeile _____ mit der Zeile _____.

1 Im folgenden Textabschnitt sind einige Wörter weggelassen. Sie stehen unter dem Text. Schreibe dahinter, in welche Zeile sie gehören.

„Mir tun bloß die Kinder leid, die sie haben“, meinte der Oskar und ließ die Ohren hängen. „So nette Kinder! Und immer müssen sie die Kriege und die Revolutionen und Streiks mitmachen, und dann sagen die Großen noch: Sie hätten nur getan, damit es den Kindern später einmal besser ginge. So eine Frechheit, was?“

„Ein Vetter meiner Frau“, erzählte Alois, „war während des letzten Weltkriegs an einem großen Zirkus in Deutschland engagiert. Als Balanceakt und Reifenspringer. Hasdrubal, der Wüstenschreck, ist sein Künstlername. Bei einem schweren Luftangriff brannte ab und die Tiere rissen sich los ...“

„Die armen Kinder", brummte der große Elefant. „... und die ganze Stadt stand in Flammen, und die Tiere und die Menschen schrien", fuhr der Löwe fort, „und Hasdrubal, dem Vetter meiner Frau, sengte der glühende Wind die Mähne ab, und er trägt seitdem ein Toupet." Wütend schlug Alois der Sahara mit seinem Schweif. „Diese Dummköpfe!", brüllte er. „Immer wieder müssen sie Krieg machen, und kaum haben sie alles entzweigemacht, raufen sie sich die Haare! Wenn ich nicht so blond wäre ..."

Elefant – Zeile: ________________ das Zelt – Zeile: ______________

alles – Zeile: ________________ den Sand – Zeile: ______________

3 In dem folgenden Textausschnitt sind sechs Wörter hinzugefügt worden. Suche sie und streiche sie durch.

„Schon gut", unterbrach ihn die Giraffe. „Aber Schimpfen hilft umsonst nichts. Es müsste etwas geschehen!"
„Jawohl!", trompetete Oskar, der Elefant. „Vor allem wegen der hohen Kinder, die sie haben – aber was?"
Da ihnen nichts einfiel, trotteten sie betrübt heim. [...]
Nach einer Nacht voller merkwürdiger Träume Räume rannte der Elefant, noch verschlafen und in Pantoffeln, in aller Herrgottsfrühe zum Telefon und meldete sechs grüne Ferngespräche an: eines mit seinem kleinen Neffen, dem Tapir Theodor, in Südamerika; eins mit dem Känguru schlafen Gustav in Australien; eines mit dem alten Eisbären Paul am Nordpol; eins mit der Eule Ulrich in Mitteleuropa; das fünfte mit der Maus Max in Asien und das sechste mit Reinhold, dem Stier in Nordamerika. Da hatten mit die Störche und die Flamingos, die im ägyptischen Hauptpostamt als Telefonfräuleins angestellt waren, mächtig zu tun. Erst gab es ein paar Fehlverbindungen, aber schließlich klappte es.

4 In den folgenden Textausschnitt haben sich sechs falsche Begriffe eingeschlichen. Streiche sie durch und ersetze sie durch passende Wörter.

„Hört bitte genau zu!", rief Oskar, der Elefant. „Mit den Flugzeugen geht das so nicht weiter! Versteht ihr mich?" „Ja, Oskar!", antworteten die sechs, so müde sie konnten. „Ich habe eine Idee gehabt!", brüllte der Elefant. „Es ist ihrer Kinder wegen, bloß deshalb! Eine ausgezeichnete Tasse. Das heißt, mir und meiner Frau gefällt sie sehr ... Sie ist bestimmt nicht übel ... Nein, schlecht ist sie nicht ... Es gibt dümmere Einfälle ... Denn sagt ihr denn gar nichts?" „Wir warten auf deine Idee!", rief der Stier Reinhold in Nordamerika. „Ach so", ging der Elefant, und alle sieben mussten lachen. „Nun verrate sie uns schon!", kicherte die Maus Max in Asien. „Also, hört oben!", rief der Elefant. „Die Menschen machen in einem fort Konferenzen, ohne etwas zu erreichen, und so ist meine Idee, dass wir auch – eine Konferenz abhalten!" *(Text verändert)*

5 In dem folgenden Textausschnitt findet ihr für einen Begriff drei Möglichkeiten. Markiert beim Lesen gleich den zutreffenden Begriff.

Nach diesen Worten blieb es in den sechs (Zimmern/Autos/Telefonleitungen) ziemlich lange still. Schließlich schnatterten und klapperten die Flamingos und Störche ungeduldig mit den (Federn/Fingernägeln/Schnäbeln) und fragten spitz: „Sprechen Sie noch?“
„Unterstehen Sie sich, mich zu (mieten/kaufen/trennen)!“, trompetete der Elefant. Dann brüllte er: „Paul! Theodor! Max! Reinhold! Ulrich! Gustav! Seid ihr plötzlich (kahl/grün/taubstumm) geworden?“
„Das nun nicht gerade“, meinte der Eisbär und wiegte nachdenklich den Kopf, „es ist nur ein bisschen (fröhlich/munter/merkwürdig) ... erst schimpfst du auf die Konferenzen, und dann ...“
„Paul hat ganz recht“, schnarrte die Eule, „erst schimpfst du, und nun sollen wir selbst so ein Ding abhalten!“ „Hui!“, pfiff Max, die Maus, „wir werden uns (schießen/melden/blamieren), passt auf!“
„Den Teufel werden wir tun!“, (säuselte/wimmerte/donnerte) Oskar: „Es liegt doch nicht an den Konferenzen, sondern an den Menschen! Habt ihr gar keine Selbstachtung, wie? Das wäre ja gelacht. Hört zu, ihr (Spieler/Denker/Angstmeier): Heute in vier Wochen versammeln sich sämtliche Abordnungen im Hochhaus der Tiere! Verständigt umgehend alle Gattungen und (Sorten/Mengen/Arten)! Termin – heute in vier Wochen! Treffpunkt – Hochhaus der Tiere! Da werden wir ja sehen, ob ...“
„Die fünf (Eier/Socken/Minuten) sind um“, schnatterten die Telefonfräuleins im ägyptischen Hauptpostamt, „wir müssen (laufen/schlagen/trennen).“
„Dumme Gänse“, brummte Oskar verärgert.

6 In dem folgenden Textausschnitt fehlen in einer Reihe von Wörtern Buchstaben. Versuche trotzdem, den Text flüssig zu lesen.

„Gänse?“, ri   en die Telefonfräuleins em   ört. „Erlauben Sie mal! Hi   werden nur Störche und Flamingos beschäftigt!“
„D   nn also: D   mme Stelzfüßler!“, meinte der E   fant achselzuckend und hä   te ein. Er war vö   ig erschöpft und musste sich die St   rn abtrocknen. (S   n Taschent   ch war übrigens vier M   er lang und vier Meter br   t.)
Der Nachrichtendienst klappte w   am Schnürchen. Die Hunde j   gten wie der Wirbelw   d durch die Städte und D   fer. Die Wiesel raschelten durch die G   r   en. Die Hirsche und Rehböcke galoppierten d   ch die Wä   er, dass es dürre Zweige regnete. „Heute in vier W   hen Konferenz im H   chhaus der T   re!“ Die Zeb   s donnerten wie ein G   itter durch die W   sten. Die Gazellen und Antilopen schossen wie Pf   le über die Steppen. Der V   gel Strauß und der Emu griffen aus, dass der Stau   wie Wol   n von der Erde aufstieg. „Heu   in vier Woch   Konferenz im Hoch   der Tiere!“ *(Text verändert)*

Erzählen

Den Aufbau einer Erzählung untersuchen

Wissen und Können

Der Aufbau einer Geschichte

Meist ist eine Erzählung in drei Abschnitte aufgeteilt: Der **Erzählanfang** führt in die Erzählsituation ein. Das **besondere Ereignis** ist der Höhepunkt der Erzählung und der **Schluss** rundet die Geschichte ab.

1 Lies die Geschichte.

Cornelia Funke (geb. 1958)

Das Kellergespenst

„Tom“, sagte Mama, „hol mal schnell zwei Flaschen Orangensaft aus dem Keller.“
Aus dem Keller. Mama wusste genau, dass er entsetzliche Angst da unten hatte.
Allein der Gedanke an die Spinnen jagte ihm schon eine Gänsehaut über den Rücken – ganz zu schweigen von dem, was da in der Dunkelheit sonst noch auf ihn lauerte.
„Muss das sein?“, fragte er.
„Komm mir bloß nicht wieder mit deinen Gespenstergeschichten!“, sagte Mama ärgerlich.
„Los, ab mit dir!“ Gnadenlos. Dabei war er noch keine zehn Jahre alt.
Seufzend öffnete Tom die Wohnungstür.
In dem großen Haus, in dem Tom wohnte, hatte jede Wohnung einen eigenen Keller. Aber Tom war der festen Überzeugung, dass ihr Keller der dunkelste, unheimlichste, spinnenverseuchteste war. Und er wusste auch, warum.
Der Hausmeister, Egon Riesenpampel, war ein Kinderhasser. Und weil Tom und Lola die
einzigen Kinder im Haus waren, hatte ihre Familie auch den allerschrecklichsten Keller bekommen. Ganz klar!
Als Tom vor der staubigen Tür stand, kniff er die Lippen zusammen und rückte entschlossen seine Brille zurecht. Der enge, kalte Flur, von dem die Kellertüren abgingen, war nur spärlich beleuchtet, und Tom hatte, wie immer, Schwierigkeiten, den verdammten Schlüssel ins Schloss zu kriegen. Die Tür quietschte scheußlich, als Tom sie aufstieß.
Modrig riechende Schwärze gähnte ihm entgegen.

Tapfer machte er einen Schritt vorwärts und tastete nach dem Lichtschalter. Wo, zum Teufel, war das verflixte Ding? Es war so ein altmodischer Drehschalter, an dem man sich die Finger verbog. Na, endlich. Da war er. Tom drehte ihn herum. Eine jämmerliche kleine Glühbirne flammte auf und – paff! – zerplatzte in tausend Splitter.

Erschrocken stolperte Tom zurück – und stieß mit dem Ellenbogen gegen die Kellertür. Rumms!, fiel sie ins Schloss. Tom stand mutterseelenallein im pechschwarzen Keller.

„Ganz ruhig!“, dachte er. „Ruhig bleiben, alter Junge. Es ist nur die blöde Glühbirne zerplatzt.“

Aber seit wann zerplatzen Glühbirnen einfach?

Tom spürte, wie sein Mund trocken wie Schmirgelpapier wurde. Er wollte einen Schritt zurück machen. Aber seine Schuhe klebten an irgendwas fest. Er hörte seinen eigenen Atem. Und dann ein leises Rascheln. So als striche etwas über die alten Zeitungen, die Mama irgendwo in der Dunkelheit gestapelt hatte.

„Hilfe!“, flüsterte Tom. „O Mann, Hilfe!“

„Aaaaaahoooo!“, stöhnte es ihm aus der Finsternis entgegen. Kalter, modrig stinkender Atem strich ihm übers Gesicht. Und eisige Finger packten seinen Hals.

„Weeeg!“, schrie Tom und schlug wie ein Wilder um sich. „Weg, du widerliches Ding!“

Die Eisfinger ließen seinen Hals los und zogen an seinen Ohren. Irgendwas schimmerte weißlich in der Dunkelheit. Irgendwas mit giftgrünen Augen, flatterndem Haar und höhnischem Grinsen.

„Ein Gespenst!“, dachte Tom fassungslos. „Ein richtiges Gespenst!“

„Oooouuuuaaaah!“, jaulte das entsetzliche Ding.

Mit einem verzweifelten Ruck zog Tom die Füße aus den festgeklebten Schuhen. Er taumelte zur Tür und tastete zitternd nach dem Riegel. Das grausige Etwas zerrte an seinen Haaren und an seiner Jacke und heulte ihm die Ohren voll. Mit letzter Kraft riss Tom die Tür auf, das Gespenst wich mit erbostem Kreischen zurück – und Tom stolperte halb tot vor Schreck auf den Flur hinaus.

2 Markiere den Erzählanfang, den Höhepunkt und den Schluss in unterschiedlichen Farben und fasse den Inhalt der Abschnitte in jeweils zwei Sätzen zusammen. Du kannst auch die Tabelle auf dem Arbeitsblatt nutzen. **Arbeitsblatt**.

WES-128934-001

3 Kreise im Erzählanfang die Textstellen ein, die Lust zum Weiterlesen machen.

4 Untersuche, wie der Höhepunkt ausgestaltet ist, und notiere die verwendeten Erzähltricks in dein Heft.

Die Erzählung planen

Wissen und Können

Der Erzählplan

Um die **Ereignisse** deiner Erzählung **in der richtigen Reihenfolge** aufzuschreiben, ist es oft hilfreich, einen **Erzählplan** zu erstellen. In dem Erzählplan solltest du stichwortartig festhalten, **wer** in der Geschichte vorkommt, **wo** und **wann** die Geschichte spielt und **was** sich ereignet.

1 Bringe die Bilder der Geschichte in die richtige Reihenfolge, indem du die Zahlen 1 – 6 in die entsprechenden Kreise schreibst. Notiere zunächst wie im Beispiel unter den Bildern, was dort geschieht. So erhältst du gleichzeitig einen Erzählplan zu der Geschichte.

e.o. plauen (1903 – 1944)

Unbeabsichtigte Helden

Der Sohn hat vor einem Bankgebäude gespielt. Ein Mann, der mit schnellen Schritten in das Gebäude rennt, hat ihn umgestoßen.

Einen Erzählkern ausgestalten

Wissen und Können

Der Erzählkern

Der Erzählkern liefert die **Idee** für eine Geschichte. W-Fragen helfen, aus diesem Kern eine Geschichte zu schreiben und Wichtiges von Unwichtigem zu trennen. Mithilfe eines **Stichwortzettels** kann man **Erzählschritte** ergänzen und deren **sinnvolle Anordnung** (Erzählanfang, Höhepunkt, Schluss) planen. Eine Geschichte wird meistens im **Präteritum** erzählt.

1 Lies den Erzählkern und lege fest, aus welcher Perspektive (Merlin, König, ein Besucher des Maskenballs, ...) du die Geschichte erzählen möchtest.

Die ersten Rollschuhe

Der Belgier John Joseph Merlin, ein Instrumentenbauer und Erfinder, wollte im Jahr 1760 bei einem Maskenball im englischen Königshaus in London einen bleibenden Eindruck mit seiner neuesten Erfindung hinterlassen: Schlittschuhe, an deren Stahlkufen er Metallräder montiert hatte. Die Idee war gut, seine Fahrtechnik jedoch nicht. Der Belgier, der beim Rollen auch noch Violine spielen wollte, raste im riesigen Ballsaal mit voller Wucht in eine große Spiegelwand. Er hatte nicht bedacht, dass er nicht bremsen konnte.

2 Ergänze dazu die einzelnen Erzählschritte auf einem Stichwortzettel. Notiere auch Stichworte zum Erzählanfang und zum Schluss.

Notizzettel

1. Erzählschritt (Erzählanfang):
– großer Maskenball im englischen Königshaus in London
– Viele Persönlichkeiten waren eingeladen, auch ...
2. Erzählschritt:
– Am Vortag des Balls ...
– ...
3. Erzählschritt:
– Am Abend des Balls ...

3 Erzähle die Geschichte. Achte beim Schreiben auf die Gestaltung des **Höhepunkts**. Gib auch wieder, was im Inneren der Figur vorgeht, aus deren Perspektive du erzählst.

Spannend und lebendig erzählen

Wissen und Können

Spannung erzeugen

Damit Spannung in deine Erzählung kommt, erzähle auch die **innere Handlung**, also Gedanken und Gefühle der Figuren. Verwende außerdem **passende** und **anschauliche Adjektive, aussagekräftige Verben, wörtliche Rede** und **abwechslungsreiche Satzanfänge**.

1 Ergänze die Tabelle als Wortspeicher für das Wort *gehen*.

gehen	**langsam gehen**	**würdevoll gehen**	**gebückt gehen**
sich aufmachen	*bummeln*	*schreiten*	*kriechen*

WES-128934-002

2 Lege dir einen Wortspeicher zu den Adjektiven *schön*, *ängstlich* und *erleichtert* an. Du kannst das Arbeitsblatt nutzen.

3 Setze die Verben ins Präteritum und ergänze die Lücken passend.

jubeln ▪ raunen ▪ erwidern ▪ flüstern ▪ kreischen ▪ toben ▪ jammern

„Ich freue mich so, dass es endlich losgeht!", ________________ die junge Gräfin Sophie. Es war ihr erster Ball und sie hüpfte aufgeregt auf und ab. Ihre Schwester Elisabeth zeigte auf einen Mann und ________________ ihr zu: „Sieh mal, was der Herr an den Füßen hat." Sophie neigte ihren Kopf zur Seite und ________________ : „Das ist ja ein komischer Kauz. Er scheint Rollen an seine Schuhe gebunden zu haben." „Wenn das mal gut geht, er wird immer schneller und rast auf die Wand zu", ________________ ihre Schwester. Plötzlich ertönte ein lautes Krachen und Klirren und alle Damen im Saal ________________ . „Das war ein prachtvoller Spiegel. Was haben Sie getan?", ________________ der König. „Ich bitte Eure Majestät um Verzeihung", ________________ Merlin, „als euer ergebener Diener wollte ich euch mit meiner Vorführung nur Vergnügen bereiten."

Den Schluss verfassen

Wissen und Können

Der Schluss einer Erzählung

Der **Schluss** spielt eine **wichtige Rolle** in deiner Erzählung. Am Ende müssen alle Probleme gelöst und alle Fragen beantwortet sein. Du kannst ein **mögliches Ergebnis** schildern oder die **Folgen des Ereignisses** beschreiben. Dabei wird manchmal **Bezug auf die Überschrift** genommen.

1 Lies die vorgeschlagenen Schlüsse zur Geschichte „Die ersten Rollschuhe“ und wähle aus, welcher dir am besten gefällt. Begründe deine Entscheidung und berücksichtige dabei, was ein guter Schluss leisten muss.

„Ein Vergnügen war das ganz und gar nicht! Was ist das für ein Erfinder, der vergisst Bremsen einzubauen? Fort mit ihm, bevor ich mich vergesse!“, tobte der König. John Joseph Merlin eilte mit hochrotem Kopf aus dem Saal und aus dem Schloss. Noch weit begleitete ihn das höhnische Lachen der Ballgäste.

John Joseph Merlin durchfuhr es heiß und kalt gleichzeitig. Eben hatte er sich noch als Held des Abends gefühlt. Die Augen aller waren gespannt auf ihn gerichtet gewesen. Jetzt spürte er einen stechenden Schmerz im Bein. Von einem Finger tropfte Blut, er hatte sich an den Scherben geschnitten. Die Wachen des Königs kamen auf ihn zugeschritten, rissen ihn an beiden Armen hoch und katapultierten ihn aus dem Schloss. Damit war seine ruhmreiche Karriere als königlicher Erfinder beendet.

2 Der folgende Schluss ist zu lang geraten. Lies ihn durch und streiche alle Sätze, die überflüssig sind.

„Das war’s mit meinem Titel als ‚Königlicher Erfinder‘“, dachte Merlin. Ihm war klar, dass sein Vater jetzt sehr enttäuscht sein würde. Dieser hatte beim Bau der Rollschuhe mitgeholfen und seinem Sohn immer wieder gute Tipps gegeben. Merlin rappelte sich langsam auf und versuchte, sich von den Scherben zu befreien. Morgens war er sich noch sicher gewesen, dass er der Held des Tages werden würde. Er hatte reichlich gefrühstückt und das schöne Wetter hatte ihn noch zuversichtlicher gestimmt. Nun standen die Ballgäste um ihn herum und lachten ihn aus. Trotz der Schmerzen in seinen Beinen humpelte er aus dem Saal und dem Schloss. Das Beste wäre, nicht mehr als Erfinder tätig zu sein. Man weiß ja nie, was sonst noch passiert.

Lebendig erzählen durch wörtliche Rede

Wissen und Können

Die wörtliche Rede und ihre Zeichensetzung

Eine Erzählung wirkt durch wörtliche Rede lebendiger.

- Wörtliche Rede und wörtlich wiedergegebene Gedanken werden in **Anführungszeichen** gesetzt.
  Beispiel: *„Mama, ich komme heute später nach Hause.“*
- Steht der **Redebegleitsatz vor der wörtlichen Rede**, steht ein Doppelpunkt nach dem Redebegleitsatz. Beispiel: Julius fragte mich: „Kommst du zu meinem Geburtstag?“
- Wenn der **Redebegleitsatz hinter der wörtlichen Rede** steht, wird er durch ein Komma von der wörtlichen Rede getrennt. Der Schlusspunkt entfällt dann bei der wörtlichen Rede, wenn sie aus einem Aussagesatz besteht. Beispiel: *„Ich komme gerne“, sagte Niklas.*
- Wenn es sich bei der wörtlichen Rede um einen Frage-, Aufforderungssatz oder Ausruf handelt, steht ein Frage- oder Ausrufezeichen am Ende der wörtlichen Rede.
  Beispiele: *„Pass auf!“, schrie der Trainer am Spielfeldrand.*
  „Wann kommst du?“, fragte ich meinen Freund.
- Die **wörtliche Rede** kann auch **durch den Redebegleitsatz unterbrochen** werden. In diesem Fall wird vor und nach dem Redebegleitsatz ein Komma gesetzt.
  Beispiel: *„Heute müssen wir uns besonders konzentrieren“, sagte der Trainer, „wenn wir gewinnen wollen.“*

1 Unterstreiche in der folgenden Erzählung über die Schildbürger die wörtliche Rede.

Otfried Preußler (1923 – 2013)

Die Rathausglocke

war unser aller Stolz – nicht zuletzt deshalb, weil sie uns einen schweren Batzen Geld gekostet hatte. Wir zeigten sie jedem Fremden, der nach Schilda kam, und der musste sie dann gebührend bewundern. Es war aber auch eine Glocke, die konnte sich sehen und hören lassen!

Leider sollten wir dieses kostbare Stück schon nach wenigen Monaten wieder einbüßen. Eines Tages erfuhren wir nämlich, es werde bald Krieg geben. Wir gerieten darüber in tausend Ängste. Schleunigst vergruben wir Männer das Bargeld, die Weiber den Schmuck und die Kinder ihr Spielzeug. Nichts Wertvolles durfte dem Feind in die Hände fallen.

„Und unsere Rathausglocke schon gar nicht!“, sagte mein Schwiegervater, der Bürgermeister. „Sonst werden die Feinde sie mitnehmen und daraus Kugeln für ihre Kanonen gießen. Dem müssen wir vorbeugen! Aber wohin mit ihr?" Einige meinten, wir sollten die Glocke im Wald verstecken, und andere rieten: „Vergraben!" Der Schmied aber sagte: „Das Beste wird sein, wir versenken sie in den Schildsee! Dort ist sie, solange dem Städtchen Gefahr droht, gut aufgehoben. Wir können einstweilen in aller Ruhe den Frieden abwarten und sie dann wieder herausfischen."

Wir pflichteten alle den Worten des Schmieds bei. Die Glocke wurde vom Rathaus heruntergeholt, und wir schleppten sie an den See. Dort verluden wir sie in ein Boot und ergriffen die Ruder.

Wir ruderten weit hinaus, und als wir zu einer besonders tiefen Stelle gelangt waren, packten der Schmied und zwei andere starke Männer die Glocke und wollten sie über Bord werfen. Aber im letzten Augenblick warnte mein Vetter, der Schneider Siebenkäs:

„Halt! Keinen Unsinn! Wie wollt ihr denn unsere Glocke je wiederfinden, wenn sie erst einmal im Schildsee versunken ist?"

„Dafür sorge ich schon!", rief mein Schwiegervater, indem er aus seiner Kitteltasche ein Messer hervorzog. Das hielt er dem Vetter Siebenkäs unter die Nase. „Mit diesem Messer", erklärte er, „schneide ich hier, wo die Glocke versenkt werden soll, in das Holz des Bootsrandes eine tiefe Kerbe. Das ist unser Zeichen! Mit seiner Hilfe lässt sich die Stelle, an der wir die Glocke ins Wasser geworfen haben, leicht wiederfinden. Ist das nicht sonnenklar?"

Jetzt war auch mein lieber Vetter davon überzeugt, dass nichts schiefgehen konnte. Herr Samuel kerbte den Bootsrand ein, und der Schmied ließ die Glocke genau bei der Kerbe ins Wasser plumpsen.

Gurgelnd versank sie. Die Wellen schwappten ins Boot, und wir wurden klitschnass davon. Aber was tat es? Uns machte das gar nichts aus, denn wir wussten ja unsere kostbare Rathausglocke in Sicherheit. Zufrieden ruderten wir nach Hause, und wenn es sein musste, mochte der Feind nun getrost vor die Stadt rücken.

2 Unterstreiche in den folgenden Witzen die Redebegleitsätze.

Glückssache

Die Schule ist aus. Sabine, Karl und Thomas laufen nach Hause. „Und was machen wir am Nachmittag?", fragt Karl. „Ich weiß", sagt Thomas. „Wir werfen eine Münze. Bei Zahl gehen wir schwimmen. Bei Kopf gehen wir ins Kino." „Fein", sagt Sabine, „und wenn die Münze auf dem Rand stehen bleibt, machen wir Hausaufgaben!"

Gefährliche Rechtschreibung

Die Lehrerin sagt zu Fritzchen: „Du hast Löwe kleingeschrieben. Alles, was man anfassen kann, schreibt man groß!" Daraufhin erwidert Fritzchen: „Versuchen Sie doch mal, einen Löwen anzufassen!"

3 Schreibe die folgenden Witze in deinem Heft neu auf. Ergänze dabei die fehlenden Anführungszeichen.

Wunder
Wenn dein Vater wüsste, wie faul du in der Schule bist, würde er bestimmt graue Haare bekommen, ärgert sich die Lehrerin über den kleinen Faulpelz.
Da würde sich mein Vater sicher freuen. Er hat nämlich eine Glatze, erwidert der Schüler grinsend.

Clever
Der Schüler vertraut dem Lehrer an: Meine Oma hat mir zehn Euro versprochen, wenn ich eine Eins nach Hause bringe. Daraufhin sagt der Lehrer: Dann strenge dich an, damit du die Eins auch schaffst!
Da überlegt der Schüler: Ich hätte da eine bessere Idee. Sie geben mir eine Eins und wir teilen die zehn Euro!

Ausgetrickst
Herr Lehrer! Kann man für etwas bestraft werden, was man nicht gemacht hat?, fragt der Schüler listig. Natürlich nicht!, antwortet der Lehrer voller Überzeugung. Das ist gut, strahlt der Schüler. Ich habe meine Hausaufgaben nicht gemacht.

4 In der folgenden Geschichte sind alle Anführungszeichen und alle Kommas vor oder nach den Redebegleitsätzen weggelassen. Setze sie ein.

Gina Ruck-Pauquèt (1931 – 2018)

Mit dem Kopf durch die Wand

Ich geh zum Sportplatz   sagt Nelly.
Nein   sagt die Mutter.
Warum nicht?   fragt Nelly.
Darum nicht   sagt die Mutter   weil wir jetzt in die Stadt fahren und weil du mitfährst.
Nein   sagt Nelly.   Ich mag nicht.
Sei vernünftig   sagt die Mutter.
Ich will aber lieber auf den Sportplatz   sagt Nelly.   Die anderen sind auch alle da.
Nun hör auf!   sagt die Mutter.   Sei still und zieh dich an!
Ich hab versprochen, dass ich komme   sagt Nelly.   Ganz fest.
Du hättest mich vorher fragen sollen   sagt die Mutter.   Mach jetzt!
Ich muss aber unbedingt hin   sagt Nelly.
Nein!   sagt die Mutter.
Doch!   ruft Nelly.   Doch!
Du willst dich immer mit Gewalt durchsetzen   sagt die Mutter.   Am liebsten mit dem Kopf durch die Wand. So geht's aber nicht.
Warum nicht?   fragt Nelly.
Die Mutter nimmt die Mäntel vom Haken.
Hier   sagt sie.   Zieh dich an!

Nelly tritt einen Schritt zurück. Sie schiebt den Kopf vor und rennt los, auf die Wand zu, mit dem Kopf durch die Wand und ist fort. Die Mutter starrt das Loch an.

So ein Kind! sagt sie und schüttelt den Kopf. Dann denkt sie, dass sie Gips mitbringen muss, um die Wand zu reparieren. *(Text verändert)*

5 Verfahre ebenso bei der Fortsetzung der Geschichte von der Rathausglocke der Schildbürger.

Aber der Feind ließ uns warten und warten. So scharf wir auch in der Folgezeit nach ihm Ausschau hielten: Er kam nicht. Ich glaube, er machte um Schilda herum einen großen Bogen.

Was ihn zu dieser Vorsicht bewogen hat, weiß ich nicht. Es erscheint mir jedoch nicht ausgeschlossen, dass er von unserer außergewöhnlichen Klugheit erfahren hat und sich davor in Acht nahm.

Wie dem auch sei – als die Kriegsgefahr glücklich vorüber war, dankten wir Gott und begannen sogleich, das vergrabene Geld und den Schmuck und die Spielsachen wieder auszuscharren.

Nun brauchten wir auch die Glocke nicht länger versteckt zu halten. Wir machten das Boot flott und ruderten abermals auf den See hinaus. Schon nach kurzer Zeit aber rief mein Herr Schwiegervater:

Genug! Zieht die Ruder ein! Das ist die Stelle, an der wir die Glocke versenkt haben.

Was denn? entgegnete zweifelnd mein Oheim Sauerbrot. Hier schon? So nahe am Ufer? Wir anderen zweifelten auch; aber Samuel Hechelmann wies auf die Kerbe im Bootsrand. Seht ihr sie? fragte er sie. Hier ist das Zeichen, und folglich muss hier auch die Glocke liegen!

Dagegen ließ sich nichts sagen. Wir tasteten also mit Stangen den Grund ab. Zu unserem Leidwesen stellte sich aber heraus, dass die Suche an dieser Stelle umsonst war. Wir wirbelten nur mit den Stangen den Schlamm auf; von unserer Rathausglocke jedoch fehlte jede Spur.

Das ist sonderbar meinte Herr Samuel. Sollte die Kerbe am Ende verrutscht sein?

Vielleicht sprach mein Schwager Kalbfell vielleicht aber hat auch die Strömung die Glocke erfasst und sie abgetrieben.

Leicht möglich sagte der Schmied; und mein Pate, der Schreiner Quast, fragte kleinlaut: Was nun, liebe Freunde? Was nun?

Da war guter Rat teuer.

Wir suchten verzweifelt den ganzen See ab, sechs Tage lang hintereinander. Am siebenten gaben wir's auf, denn wir sahen nun ein, dass es sinnlos war.

Gegen das Schicksal grollte mein Schwiegervater hilft eben, wie man sieht, auch die äußerste Vorsicht und Klugheit nichts ...

Und dabei strich er nachdenklich über die Kerbe am Bootsrand. *(Text verändert)*

Den treffenden Ausdruck finden

Wissen und Können

Das passende Wort auswählen

Eine Erzählung wirkt **abwechslungsreicher** und **anschaulicher**, wenn man das **richtige und treffende Wort** findet, das ein Erlebnis oder einen Sachverhalt möglichst genau beschreibt. Soll eine Figur in der Erzählung leise sprechen, dann „flüstert" sie; läuft jemand ganz besonders schnell, dann „rennt" oder „flitzt" er.

Eine Schülerin hat über ein unangenehmes Reiseerlebnis geschrieben:

Am Morgen unserer Abreise in den Skiurlaub war meine Vorfreude sehr groß. Als wir abfuhren, war es noch sehr kalt und die Fahrbahn war sehr glatt. An einer Kreuzung konnte ein Wagen nicht mehr bremsen und rutschte mit großer Geschwindigkeit auf unser Auto zu. Beim Anblick des Wagens wurde mein Vater sehr blass, aber sehr schnell erkannte er die Situation und wich in letzter Sekunde aus. So konnten wir unsere Urlaubsfahrt fortsetzen.

1 Schreibe den Text noch einmal in deinem Heft neu auf. Setze dabei für die unterstrichenen Ausdrücke Adjektivzusammensetzungen ein, die einen Vergleich ausdrücken. Die beiden Wortspeicher helfen dir.

Spiegel – glatt – blass – kalt – schnell – Riese – Eis – groß – Leiche – Blitz

2 Was man alles machen kann, ohne „machen" zu sagen: Ersetze in den folgenden Ausdrücken das Verb „machen":

eine Radtour machen – ____________________

eine Dose aufmachen – ____________________

eine Tür zumachen – ____________________

ein Kalenderblatt abmachen – ____________________

ein Loch in den Sand machen – ____________________

eine Jacke zumachen – ____________________

eine Schleife machen – ____________________

ganz schnell machen – ____________________

ganz langsam machen – ____________________

3 Stelle die folgenden Verben und Adjektive zu anschaulichen Wendungen zusammen und schreibe sie in dein Heft:

den Kopf schütteln	entsetzt
nachdenken	herzhaft
lachen	enttäuscht
näher kommen	jubelnd
weggehen	lauthals
sich umdrehen	zweifelnd
niedersinken	erschöpft
in die Luft springen	angestrengt
aufschreien	vorsichtig
in einen Apfel beißen	überrascht

4 Hier sind drei Wortfelder durcheinandergeraten. Ordne sie:

schreien ▪ rufen ▪ flüstern ▪ schleichen ▪ rennen ▪ laufen ▪ kriechen ▪ blinzeln ▪ spähen ▪ gucken ▪ antworten ▪ entgegnen ▪ hüpfen ▪ stottern ▪ brüllen ▪ schielen ▪ schlendern ▪ bummeln ▪ erblicken ▪ schwatzen ▪ plaudern ▪ tratschen ▪ eilen ▪ sausen ▪ brausen ▪ humpeln

5 Welche drei Wörter können durch Ausdrücke ersetzt werden? Trage die Wörter jeweils in die obere Zeile der Spalte ein.

Beschreiben

Tiere mithilfe eines Tier-Passes beschreiben

Wissen und Können

Einen Tier-Pass anlegen

Eine Tierbeschreibung muss eine **klare Struktur** aufweisen. Hierbei kann ein **Tier-Pass** hilfreich sein, in dem du die gesammelten **Informationen über das Tier** in Stichworten **in einer sinnvollen Reihenfolge** zusammenträgst.

Tier-Pass	
Tierart	
Vorkommen	
Allgemeine Merkmale, Größe, Gewicht	
Körperbau (von Kopf bis Fuß)	
Lebensweise	
Verhalten	
Nahrung	
Besonderheit(en)	

1 Lege für das Erdmännchen oder ein anderes Tier deiner Wahl einen Tier-Pass an. Recherchiere die Informationen im Internet.

2 Verfasse anschließend zu deinem Tier aus dem Tier-Pass eine vollständige Tierbeschreibung. Nutze den Tier-Pass als Schreibgrundlage und achte auf die Verwendung treffender Adjektive und abwechslungsreicher Verben sowie Satzanfänge. Vermeide persönliche Wertungen.

Eine Person beschreiben

Wissen und Können

Eine Personenbeschreibung anfertigen

Um eine **Personenbeschreibung** gut zu strukturieren, lege zunächst einen **Stichwortzettel** mit den wichtigsten Kennzeichen der zu beschreibenden Person (allgemeine Angaben, Aussehen) an. Gliedere die Beschreibung **vom Großen zum Kleinen**. **Adjektive** helfen bei der genauen Beschreibung. Das Tempus ist das **Präsens**. Vermeide persönliche Empfindungen.

1 Betrachte das Bild.

2 Entscheide dich für eine der Personen und lege eine Stoffsammlung an. Notiere zu jedem Oberbegriff Stichwörter (Adjektive, Nomen), mit denen du die Person beschreiben kannst.

Gesichtsform: ______________________________

Gesichtsausdruck: ______________________________

Nase: ______________________________

Mund: ______________________________

Augen: ______________________________

Haare: ______________________________

Alter: ______________________________

Kleidung: ______________________________

____

besondere Merkmale: ______________________________

3 Formuliere in deinem Heft die Personenbeschreibung aus.

Lesen

Lesestrategien nutzen

Wissen und Können

Informationen aus Sachtexten und Schaubildern gewinnen

Um Informationen aus Sachtexten zu gewinnen, helfen Lesestrategien wie die **Fünf-Schritt-Lesemethode**. Informationen aus Schaubildern kann man in **kurzen Texten** zusammenfassen.

Die Karlsruher Hand

Götz von Berlichingen hatte 1504 im Krieg eine Hand verloren und ließ sich eine eiserne Hand anfertigen, an der sich die Stellung der Fingerglieder einstellen ließ. Damit konnte er ein Schwert fassen und angeblich sogar kämpfen. Bis ins 20. Jahrhundert musste die Stellung der Kunsthand mit der gesunden Hand eingestellt werden. 1916 baute der berühmte Arzt Ferdinand Sauerbruch eine Ersatzhand, die von dem geschädigten Arm aus gesteuert werden konnte. Er verband den Bizepsmuskel im Oberarm mit der Hand. Spannte man den Bizeps an, so konnte die Hand zugreifen. Mehr als einfaches Zupacken war damit aber nicht möglich. Eine Schwierigkeit beim Bau einer Kunsthand liegt auch darin, dass die Gegenstände in unserer Umgebung ganz unterschiedliche Formen haben, an die sich die Hand anpassen muss. Am besten nimmt man deshalb für die Finger ein weiches Material, das sich an den Gegenstand anschmiegen kann. Im Forschungszentrum Karlsruhe wurde nun eine bionische Hand entwickelt, die über Luft oder eine Flüssigkeit gesteuert werden kann. Bei der menschlichen Hand kommt die Kraft in der Hand hauptsächlich aus dem Unterarm. Bei der bionischen Hand kommt ebenfalls die Kraft aus dem Unterarm, von dort wird Öl in die einzelnen Finger gedrückt. An den Fingergelenken befinden sich kleine Kissen. Wird Öl in die Kissen gepumpt, so streckt sich der Finger. Da die Hand keine schweren Elektromotoren besitzt, ist sie sehr leicht. An der gesunden Hand werden die Bewegungen über Gehirn und das entlang der Wirbelsäule verlaufende Rückenmark gesteuert. Nerven enden in der Muskulatur und steuern die Handbewegung. Bei der Karlsruher Hand erfasst ein Computer die Bewegung der Muskulatur im Armstumpf, die normalerweise die Finger steuern würde. Anhand dieser Muskelbewegungen kann der Computer berechnen, welche Handbewegung der Träger der Kunsthand gerade ausführen möchte. Eines kann die Hand noch nicht – fühlen. Auch dieses Problem möchten die Wissenschaftler in Zukunft lösen.

1 Lies den Text mithilfe der Fünf-Schritt-Lesemethode (vgl. Lehrwerk S. 90). Notiere Abschnitte und formuliere passende Zwischenüberschriften.

Schaubilder und Tabellen lesen und verstehen

Aufenthaltszeiten einiger Zugvögel in Mitteleuropa

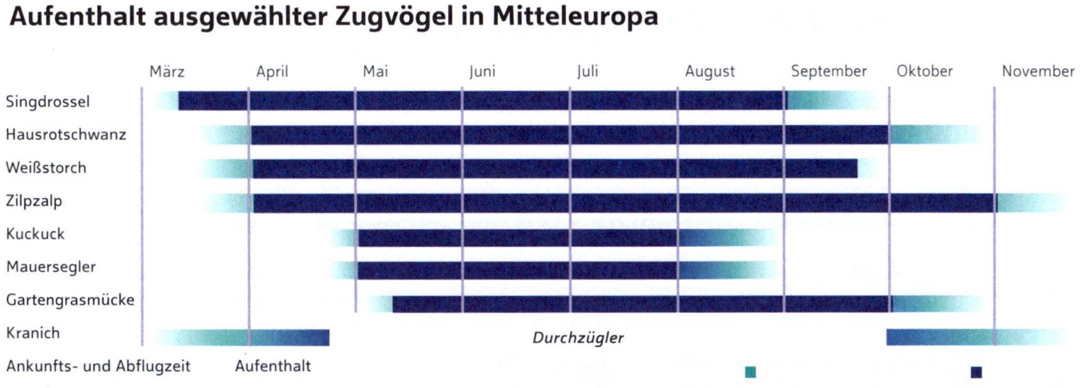

1 Schau dir das Diagramm an und benenne die Diagrammform. Welche Informationen kannst du ablesen?

2 Lies dir die Aussagen zum Diagramm durch und setze dann einen Haken an der richtigen Stelle.

Aussage		richtig	falsch	kann man nicht ablesen
1.	Im Juni befinden sich alle Zugvögel in Mitteleuropa.			
2.	Der Zilpzalp hält sich am längsten in Mitteleuropa auf.			
3.	Der Kuckuck benötigt länger für den Rückflug als die Gartengrasmücke.			
4.	Die Singdrossel bleibt ungefähr genauso lange in Mitteleuropa wie der Weißstorch.			

3 Ergänze mithilfe des Diagramms folgende Tabelle:

Vogelart	**Singdrossel**							
Aufenthaltsdauer	etwa 5 ½ Monate							
Monate	Mitte März bis Ende August							

4 Schreibe einen kurzen Informationstext zu diesem Diagramm.

Märchen

Märchenmerkmale herausarbeiten und ein Märchen fortsetzen

Wissen und Können

Die Merkmale von Märchen

Märchen folgen meist einem typischen **Muster**: Eine männliche oder weibliche Märchenfigur – meist ohne Namen – zieht aus, erlebt Gefahren oder muss Prüfungen bestehen und wird am Ende für die Mühe belohnt. Das Gute siegt über das Böse.
Typische Märchenelemente sind Märchengestalten, Zauberdinge und Zauberkräfte. Auch gibt es keine bestimmten Orts- und Zeitangaben. Typisch sind auch magische Zahlen wie die Zahlen drei, sieben oder zwölf und feste sprachliche Formeln wie „Es war einmal …“ oder „und wenn sie nicht gestorben sind …“. Die Zeitform des Märchens ist das Präteritum.

1 Höre dir den folgenden Märchenanfang an, entweder nur den ersten oder auch den zweiten Teil. Beim ersten Einschnitt ist die Handlung noch relativ offen, beim zweiten Einschnitt ist bereits viel mehr vorgegeben.

2 Lies nun den Text und unterstreiche die wichtigen Punkte (an drei Stellen ist das schon geschehen). Schreibe dann den Märchenanfang weiter, sodass ein vollständiges Märchen entsteht. Achte dabei auf Märchenmerkmale und finde eine passende Überschrift für dein Märchen.

WES-128934-003

Ein Märchen der Brüder Grimm   Audio

Ein Mann hatte sieben Söhne und immer noch kein Töchterchen, so sehr er sichs auch wünschte. Endlich gab ihm seine Frau wieder gute Hoffnung zu einem Kinde, und als es zur Welt kam, war es auch ein Mädchen. Die Freude war groß, aber das Kind war schmächtig und klein, und sollte wegen seiner Schwachheit die Nottaufe haben. Der Vater schickte einen der Knaben eilends zur Quelle, Taufwasser zu holen. Die anderen sechs liefen mit, und weil jeder der Erste beim Schöpfen sein wollte, so fiel ihnen der Krug in den Brunnen. Da standen sie und wussten nicht, was sie tun sollten, und keiner getraute sich heim. Als sie immer noch nicht zurückkamen, ward der Vater ungeduldig und sprach: „Gewiss haben sie's wieder über ein Spiel vergessen, die gottlosen Jungen.“ Es ward ihm Angst, das Mädchen müsste ungetauft sterben, und im Ärger rief er: „Ich wollte, dass die Jungen alle zu Raben würden.“ Kaum war das Wort ausgeredet, so hörte er ein Geschwirr über seinem Haupt in der Luft, blickte in die Höhe und sah sieben kohlschwarze Raben auf- und davonfliegen. …

An dieser Stelle könnte der vorgegebene Märchenanfang enden und deine Fortsetzung beginnen. In diesem Fall ist der weitere Fortgang des Märchens noch ganz offen. Die in Raben verwandelten Jungen (die das Wasser in ihren Schnäbeln trotzdem bringen oder aus Scham oder Trotz ans Ende der Welt fliehen), der Vater (der versucht, die Verwandlung seiner Kinder wieder rückgängig zu machen) oder auch das Mädchen (das seine Brüder kennen lernen will und sie sucht) könnten zu Hauptfiguren werden. Am Ende des Märchens (glückliches Ende!) müssen die Raben auf jeden Fall wieder zurückverwandelt sein. Was nun hier folgt, ist die Fortsetzung, in diesem Fall die Originalfortsetzung nach den Brüdern Grimm:

WES-128934-004

Die Eltern konnten die Verwünschung nicht mehr zurücknehmen, und so traurig sie über den Verlust ihrer sieben Söhne waren, trösteten sie sich doch einigermaßen durch ihr liebes Töchterchen, das bald zu Kräften kam, und mit jedem Tage schöner ward. Es wusste lange Zeit nicht einmal, dass es Geschwister gehabt hatte, denn die Eltern hüteten sich, sie zu erwähnen, bis es eines Tags von ungefähr die Leute von sich sprechen hörte, das Mädchen wäre wohl schön, aber doch eigentlich schuld an dem Unglück seiner sieben Brüder. Da ward es ganz betrübt, ging zu Vater und Mutter und fragte, ob es denn Brüder gehabt hätte, und wo sie hingeraten wären. Nun durften die Eltern das Geheimnis nicht länger verschweigen, sagten jedoch, es sei so des Himmels Verhängnis und seine Geburt nur der unschuldige Anlass gewesen. Allein das Mädchen machte sich täglich ein Gewissen daraus und glaubte, es müsste seine Geschwister wieder erlösen. Es hatte nicht Ruhe und Rast, bis es sich heimlich aufmachte und in die weite Welt ging, seine Brüder irgendwo aufzuspüren und zu befreien, es möchte kosten, was es wollte. Es nahm nichts mit sich als ein Ringlein von seinen Eltern zum Andenken, einen Laib Brot für den Hunger, ein Krüglein Wasser für den Durst und ein Stühlchen für die Müdigkeit. …

Auch bis zu dieser Stelle könnte der Märchenanfang vorgegeben werden. In diesem Fall muss das Mädchen Hauptfigur des weiteren Geschehens werden. Sie bricht auf, um ihre Brüder zu finden und zu befreien – damit ist die weitere Handlung in Grundzügen vorgegeben. Das Hauptaugenmerk solltest du darauf legen, welche Gefahren sie bestehen muss, um ihre Brüder zu erlösen. Im Lösungsheft findest du die Fortsetzung, wie sie die Brüder Grimm aufgezeichnet haben, und kannst diese mit deiner Lösung vergleichen.

Um ein Märchen sinnvoll fortsetzen zu können, musst du darüber Bescheid wissen, was die besonderen Merkmale der Textsorte Märchen sind. Denn zumindest einige dieser Merkmale müssen auch in deiner Fortsetzung vorkommen.

3 Lies das Märchen der Brüder Grimm erneut durch und ergänze in beiden Spalten die Märchenkennzeichen im Allgemeinen und im Hinblick auf das Märchen mit Textbelegen.

Allgemeine Märchenmerkmale	**Märchenmerkmale bei dem Märchen der Brüder Grimm**
Sprache: Feste sprachliche Formeln wie „Es war einmal“ (Märchenanfang) oder „… und wenn sie nicht gestorben sind“ (Märchenende) werden verwendet. Die Sprache ist einfach. Das Märchen steht im Präteritum. Wörtliche Rede wird verwendet.	
Ort und Zeit der Märchen bleiben …	
Namen der Figuren	
Magische Zahlen wie …	
	Verwandlung der Jungen in Raben aufgrund der Verwünschung des Vaters
Die **Handlung des Märchens** ist oft so aufgebaut, dass …	
Gut und Böse sind klar auf verschiedene Figuren verteilt; so gibt es Figuren, die den Hauptfiguren helfen, andere, die als Widersacher und Gegner auftreten. Aber am Ende wird der/die Gute belohnt und der/die Böse bestraft. Die meisten Märchen haben ein „Happy End“.	*Sonne und Mond sind böse und wollen die Schwester verschlingen. Der Vater ist eigentlich nur ungeduldig, nicht böse, die Schwester ist durch und durch gut und zur Erlösung ihrer Brüder zu allem bereit.*

Ein Märchen nach einer Bildvorlage erzählen

Wissen und Können

Einen Erzählplan erstellen

Ein Erzählplan hilft dir beim Verfassen oder Weitererzählen eines Märchen(anfang)s:

- Überlege dir, mit welcher **Notlage** das Märchen beginnen soll.
- Lege alle (auch besondere) **Figuren** fest, die vorkommen sollen.
- Entscheide, welche **Aufgabe** der Märchenheld/die Märchenheldin bewältigen und mit welchen Mitteln das gelingen soll.
- Überlege dir ein **Ende** des Märchens.

1 Betrachte das Bild. Schreibe die märchenhaften Elemente auf.

2 Suche nach weiteren märchenhaften Elementen, die in das Bild aufgenommen werden könnten.

3 Denke dir mithilfe des Bildes und deiner Ideen ein Märchen aus. Verfasse einen Erzählplan in Stichworten und schreibe anschließend das Märchen auf.

Ein Märchen aus einem anderen Land untersuchen

1 Lies den Text genau durch und unterstreiche alles Märchenhafte.

Die Maismutter (Märchen der Creek, indigenes Volk im Südosten Nordamerikas)

Kurz nachdem die Welt erschaff en, lebten die Creek in einfachen Hütten, zogen im Lande umher und suchten mühsam ihre Nahrung, wo sie sie finden konnten. Eines Tages tauchte in einem Lager am Ufer eines Flusses eine alte Frau auf, die sehr abgerissen und halb verhungert aussah. Die Männer waren alle auf der Jagd, und die meisten Frauen und Mädchen sammelten am Flussufer Wurzeln und Wildgemüse. Nur ein paar Kinder und junge Mädchen waren im Lager geblieben, um das Feuer zu unterhalten. Als sie das alte Weib sahen, sagten sie zu ihr: „Hier ist kein Platz für dich. Warum gehst du nicht ins nächste Lager? Wir haben nichts zu verschenken."

Ohne ein Wort zog die Alte weiter und war bald im Walde verschwunden. Aber im nächsten Lager erging es ihr nicht anders, auch hier wollte man nichts von ihr wissen und schickte sie fort. Auch im dritten Lager sah man sie mit Verachtung an. Schließlich kam sie an ein Lager, das nur aus ein paar Reisighütten bestand, die den Mitgliedern des Alligator-Clans[1] gehörten. Der Alligator-Clan spielte keine eben bedeutende Rolle im Stamm, und daher zierten weder Kriegstrophäen[2] noch kostbare Felle die Hütten seiner Mitglieder. Als die Alte bescheiden und schüchtern um Nahrung und einen Platz am Feuer bat, sagten die Frauen: „Komm her, Alte, hier bei uns ist Platz genug, und etwas zu essen wird sich auch schon noch finden lassen. Du musst einen langen Weg hinter dir haben und recht hungrig sein". Nachdem die alte Frau gegessen hatte, ließen sie sie am Feuer schlafen, denn dort war der beste Platz. Am nächsten Morgen zogen die Männer des Alligator-Clans wie gewöhnlich hinaus in den Wald, um Hirsche zu jagen, während die Frauen Wurzeln und Beeren suchen gingen. Der alten Frau vertrauten sie das Lager an, damit sie das Feuer nicht ausgehen lasse und auf die Kinder ein Auge habe. Niemand kannte die Alte, doch vertraute ihr jeder, denn bei den Creek-Indianern war noch nie etwas weggekommen. Niemand fürchtete daher, dass die Alte etwas stehlen könnte. Die alte Frau aber war die Maismutter selbst, die in dieser unscheinbaren Gestalt auf die Erde gekommen war.

Als die Männer und Frauen gegen Abend zurückkehrten, erklärten die Kinder, dass sie bereits gegessen hätten. Voller Erstaunen hörten die Erwachsenen: „Die alte Frau hat für uns alle zu essen gehabt! Und ihr Essen schmeckt besser als die Wurzeln und Beeren, die wir sonst bekommen." Da sagte der Clan-Älteste zu den Kindern: „Sagt der Alten, dass sie mir etwas von ihrem Essen aufheben soll, denn ich bin gespannt, was das wohl sein könnte." Aber auch er musste am nächsten Abend zugeben, dass der Brei besser schmeckte als alles, was er bisher gekostet hatte. Vergeblich bemühte er sich, hinter das Geheimnis der alten Frau zu kommen, aber alle Anstrengung war vergeblich. Er fand nie heraus, woher die fremde Frau die Zutaten zu ihrem Essen nahm.

Eines Tages war die Alte verschwunden; ebenso plötzlich, wie sie erschienen war, hatte sie das Lager verlassen. Niemand hatte sie fortgehen sehen, und niemand konnte sagen, wohin sie wohl geraten war. Einer der Jungen jedoch konnte den Geschmack des seltsamen Mahles, das die Alte gekocht hatte, nicht vergessen. Kaum hatte er die Kriegerweihen hinter sich, da beschloss er, auf die Suche nach der alten Frau zu gehen, die ja gewiss nicht weit sein konnte. Lange wanderte er im Lande umher, durchwatete Flüsse, stieg über Bergketten und durchzog Wälder und Sümpfe. Aber in keinem Lager, an das er kam, wusste man etwas von der alten Frau. Als er eines Abends entmutigt und niedergeschlagen ganz allein am Feuer saß, übermannte ihn der Schlaf. Als er aufwachte, stand vor ihm eine alte Frau mit weißem Haar, das ihr bis über den Rücken herabhing. Der junge Krieger war sehr erschrocken, denn er fürchtete, einem Zauberwesen ausgeliefert zu sein. Erst als die Alte näher ans Feuer trat, erkannte er die Langgesuchte. Freudig begrüßte er sie und flehte sie an, doch mit ihm wieder ins Lager des Alligator-Clans zurückzukehren. Die Alte aber wehrte ab und sprach: „Ich kann nicht bei dir bleiben, doch wenn du meinen Rat befolgst und tust, was ich dir auftrage, wirst du mich nie vermissen."
Darauf führte sie den jungen Krieger an eine Stelle am Fluss. Hier stand das gelbe vorjährige Gras hüfthoch. „Lege Feuer an und brenne das Gras ab," befahl sie, „frage nicht nach dem Grunde, du wirst schon sehen." So tat der junge Krieger ihr den Gefallen und legte einen Feuerbrand an jene Stelle. Bald stoben die Funken himmelhoch, und knatternd fraß sich das Feuer durch die Lichtung; bald war von dem Gras nur noch die Asche übrig. Da sprach die Alte wiederum: „Nimm mich bei den Haaren und schleife mich kreuz und quer über die verbrannte Erde. Überall dort, wohin du mich schleifst, wird neues Gras aus dem Boden schießen; zwischen den Blättern aber wirst du mein Haar hervorschauen sehen. Wenn das der Fall ist, dann ist der Samen reif. Das ist das Geheimnis der Speise, deretwegen du so weit gewandert bist."
Der Krieger machte sich sogleich an die Arbeit und schleppte die Alte an den Haaren über die Lichtung. Kreuz und quer ging der Weg, bis auch nicht ein Stückchen des Bodens unberührt geblieben war. Kaum hatte er seine Arbeit beendet, da war die Frau aus seinen Händen verschwunden. Langsam ging er zum Feuer zurück und überdachte das Erlebnis.
Als der junge Krieger am nächsten Morgen wieder auf die Lichtung trat, stand dort ein seltsames Gras, das ihm bis über den Kopf reichte. Überall zwischen den Blättern aber sah er ein Stückchen von dem Haar der alten Frau. Bis zum heutigen Tage tragen die Maiskolben am oberen Ende einen Haarschopf, und die Creek wissen, dass die Maismutter sie nicht vergessen hat. *(Text verändert)*

---

1 **Alligator-Clan:** Unterabteilung eines Stammes mit Alligator als Wappentier
2 **Kriegstrophäen:** Zeichen für Erfolge im Krieg, z. B. erbeutete Waffen

2 Notiere in deinem Heft Merkmale, wie sie bei den Brüdern Grimm zu finden sind und die hier zur Erklärung der Natur genutzt werden.

3 Dieses Märchen enthält auch eine Lehre darüber, wie sich Menschen verhalten sollten. Schreibe die Lehre mit eigenen Worten auf.

Schwank- und Lügengeschichten

Einen Schwank gliedern und verstehen

Wissen und Können

Der Schwank

Schwänke sind **kurze**, **komische** Geschichten, die zur **Unterhaltung** und auch **Belehrung** erzählt werden. Häufig deckt ein bekannter **Narr** mithilfe eines Streichs Schwächen der Menschen auf und belehrt sie.

Johann Peter Hebel (1760 – 1826)

Das Mittagessen im Hof

Audio

WES-128934-005

Man klagt häufig darüber, wie schwer und unmöglich es sei, mit manchen Menschen auszukommen. Das mag denn freilich auch wahr sein. Indessen sind viele von solchen Menschen nicht schlimm, sondern nur wunderlich[1], und wenn man sie nur immer recht kennte, inwendig und auswendig, und recht mit ihnen umzugehen wüsste, nie zu eigensinnig und nie zu nachgiebig, so wäre mancher wohl und leicht zur Besinnung zu bringen. Das ist doch einem Bedienten mit seinem Herrn gelungen. Dem konnte er manchmal gar nichts recht machen und musste vieles entgelten[2], woran er unschuldig war, wie es oft geht. So kam einmal der Herr sehr verdrießlich nach Hause und setzte sich zum Mittagessen. Da war die Suppe zu heiß oder zu kalt oder keines von beiden; aber genug, der Herr war verdrießlich. Er fasste daher die Schüssel mit dem, was darinnen war, und warf sie durch das offene Fenster in den Hof hinab. Was tat hierauf der Diener? Kurz besonnen warf er das Fleisch, welches er eben auf den Tisch stellen wollte, mir nichts, dir nichts, der Suppe nach auch in den Hof hinab, dann das Brot, dann den Wein und endlich das Tischtuch mit allem, was noch darauf war. „Verwegener, was soll das sein?", fragte der Herr und fuhr mit drohendem Zorn von dem Sessel auf. Aber der Bediente erwiderte ganz kalt und ruhig: „Verzeihen Sie mir, wenn ich Ihre Meinung nicht erraten habe. Ich glaubte nicht anders, als Sie wollten heute in dem Hofe speisen. Die Luft ist so heiter, der Himmel so blau, und sehen Sie nur, wie lieblich der Apfelbaum blüht, und wie fröhlich die Bienen ihren Mittag halten!" – Diesmal die Suppe hinabgeworfen und nimmer! Der Herr erkannte seinen Fehler, heiterte sich im Anblick des schönen Frühlingshimmels auf, lächelte heimlich über den schnellen Einfall seines Aufwärters und dankte ihm im Herzen für die gute Lehre.

[1] **wunderlich:** seltsam, merkwürdig
[2] **entgelten:** büßen

1 Höre dir den Textvortrag an und erkläre, worin sich die Klugheit des Dieners zeigt.

2 Schreibe auf, wie der Herr auf den pfiffigen Einfall seines Dieners reagiert und wie er auch hätte reagieren können.

3 Gliedere den Text in Abschnitte und fasse diese zusammen.

Erich Kästner (1899 – 1974)

Ein Krebs kommt vor Gericht

Eines Tages geriet ein Krebs nach Schilda. Niemand hätte sagen können, woher er kam, und keiner wusste, was er bei den Schildbürgern wollte. Und da sie noch nie in ihrem Leben einen Krebs gesehen hatten, bemächtigte sich ihrer eine beträchtliche Aufregung. […]. Sie rieten und rätselten hin und her und hätten gar zu gerne gewusst, wen sie vor sich hatten. „Vielleicht ist es ein Schneider", sagte der Bürgermeister, „denn wozu hätte er sonst zwei Scheren?" Schon holte einer ein Stück Tuch, setzte den Krebs darauf und rief: „Wenn du ein Schneider bist, dann schneide mir eine Jacke zu! Mit weiten Ärmeln und einem Halskoller!" Weil das Tier zwar auf dem Tuch vorwärts und rückwärts einherspazierte, aber den Stoff nicht zuschnitt, nahm der Schneidermeister von Schilda seine eigne große Schere und schnitt das Tuch genauso zu, wie der Krebs dahinkroch. Nach zehn Minuten schon war der Stoff völlig zerschnitten. Von einer Jacke mit weiten Ärmeln und einem Halskoller konnte keine Rede sein. „Mein schönes, teures Tuch!", rief der Schildbürger. „Der Kerl hat uns angeführt! Er ist gar kein Schneider! Ich verklag' ihn wegen Sachbeschädigung!" Dann griff er nach dem Krebs und wollte ihn beiseite tun. Doch der Krebs zwickte und kniff ihn mit seinen Scheren so kräftig, dass der Mann vor Schmerz aufbrüllte. „Mörder!", schrie er. „Mörder! Hilfe!" Nun wurde es dem Bürgermeister zu bunt. „Erst ruiniert er das teure Tuch", sagte er, „und nun trachtet er einem unserer Mitbürger nach dem Leben – das kann ich als Stadtoberhaupt nicht dulden! Morgen machen wir ihm den Prozess!" So geschah es auch. Der Krebs wurde in einer förmlichen Sitzung vom Richter der mutwilligen Sachbeschädigung und des versuchten Mords angeklagt. Augenzeugen berichteten unter Eid, was sich am Vortage zugetragen hatte. Der amtlich bestellte Verteidiger konnte kein entlastendes Material beibringen. So zog sich der hohe Gerichtshof zur Urteilsfindung kurz zurück und verkündete anschließend folgenden harten, aber gerechten Spruch: „Der Delinquent[1] gilt in beiden Punkten der Anklage als überführt. Mildernde Umstände kommen umso weniger in Betracht, als der Angeklagte nicht ortsansässig ist und die ihm gewährte Gastfreundschaft übel vergolten hat. Er wird zum Tod verurteilt. Der Gerichtsdiener wird ihn ersäufen. Das Urteil gilt unwiderruflich. Die Kosten des Verfahrens trägt die städtische Sparkasse."
Noch am Nachmittag trug der Gerichtsdiener den Krebs in einem Korb zum See hinaus und warf ihn ins Wasser. Ganz Schilda nahm an der Exekution teil. Den Frauen standen die Tränen in den Augen. „Es hilft nichts", sagte der Bürgermeister. „Strafe muss sein." Der Pastor war übrigens nicht mitgekommen. Weil er nicht wusste, ob der Krebs katholisch oder evangelisch war.

[1] **Delinquent:** Straftäter, Angeklagter

4 Die Schildbürger waren dafür bekannt, dass sie alles, was sie anpackten, verkehrt machten. Notiere die Pointe der Geschichte.

Den Aufbau und die Merkmale einer Lügengeschichte herausarbeiten

Wissen und Können

Lügengeschichten

Lügengeschichten sind Erzählungen von **unglaublichen Dingen**. Dabei wird das Lügen als künstlerisches Mittel eingesetzt, um die Leserschaft zu unterhalten. Lügengeschichten sind gekennzeichnet durch eine **übertriebene, angeberische** und z. T. **unlogische Darstellung** der Ereignisse.

nacherzählt von Erich Kästner (1899 – 1974)

Münchhausens Reise auf den Mond

Der Baron von Münchhausen hat vor ca. zweihundert Jahren gelebt. Er liebte es, seinen Gästen von den Abenteuern zu erzählen, die er auf seinen Reisen erlebt hatte. Dabei nahm er es mit der Wahrheit nicht so genau. Einmal war der Baron von Münchhausen in die Gefangenschaft eines türkischen Sultans geraten. Dieser verlangte von ihm, dass er auf seine Bienen aufpassen sollte.

Eines Abends sah ich nun, dass zwei Bären eine der Bienen angefallen hatten und sie ihres gesammelten Honigs wegen, zerreißen wollten. Da ich nichts in der Hand hatte als meine silberne Axt warf ich sie mit aller Wucht nach den beiden Räubern. Doch sie traf die Bären nicht, sondern flog an ihnen vorbei, stieg, infolge des gewaltigen Schwungs, höher und höher und fiel erst, wo glaubt ihr, nieder? Auf dem Mond! Was tun? Wie sollte ich sie wiederkriegen? Wo gab es so lange Leitern? Zum Glück fiel mir ein, dass die türkischen Bohnen in kürzester Frist erstaunlich emporwachsen. Ich pflanzte sofort eine solche Bohne, und sie wuchs doch tatsächlich bis zum Monde hinauf und rankte sich um die eine Spitze der Mondsichel! Nun war es eine Kleinigkeit hinaufzuklettern, und eine halbe Stunde später fand ich auch meine Axt wieder, die auf einem Haufen Spreu und Häcksel lag.
Ich war heilfroh und wollte schleunigst in die Türkei zurückklettern aber ach! Die Sonnenhitze hatte meine Kletterbohne völlig ausgetrocknet, und sie war zu nichts mehr zu gebrauchen! Ohne langes Federlesen flocht ich mir aus dem Mondhäcksel einen Strick, den ich an einem der Mondhörner festband. Dann ließ ich mich vorsichtig hinunter. Nach einiger Zeit hieb ich mit meiner silbernen Axt das überflüssig gewordene Stück über mir ab und knüpfte es unter mir wieder an. Das ging eine ganze Weile gut, aber mit einem Male, als ich noch in den Wolken hing, riss der Strick! Und ich stürzte mit solcher Gewalt auf Gottes Erdboden, dass ich etwa zehn Meter tief in die Erde hineinfiel! Mir taten alle Knochen weh. Doch nachdem ich mich etwas erholt hatte, grub ich mir mit den Fingernägeln, die ich glücklicherweise zehn Jahre nicht geschnitten hatte, eine Treppe ins Erdreich, stieg auf dieser hoch und kehrte zu den Bienen zurück.

1 Lies dir die Münchhausen-Geschichte sorgfältig durch. Gliedere die Lügengeschichte in Einleitung, Hauptteil und Schluss. Notiere die entsprechenden Zeilenangaben.

Einleitung: ______________________________

____

Hauptteil: ______________________________

____

____

____

Schluss: ______________________________

2 Beantworte die nachfolgenden Fragen zum Text.

Aus welcher Sicht ist die Geschichte geschrieben? ______________

____

Wer und was kommen in der Geschichte vor? ______________

____

____

____

Wo spielt die Handlung? ______________________________

____

3 Bis zu welcher Stelle erscheint die Geschichte durchaus glaubhaft? Markiere die entsprechende Textstelle in **Grün**. Was kann in Wirklichkeit unmöglich so geschehen sein? Wo übertreibt der Erzähler und geht schließlich bis zur Lüge? Markiere die entsprechenden Stellen in **Rot**.

4 Wodurch sind Einleitung, Hauptteil und Schluss inhaltlich gekennzeichnet? Ergänze hinter den Zeilenangaben in Aufgabe 1.

5 Was hätte Münchhausen noch machen können, um seine Axt wiederzubekommen? Denke dir verschiedene Möglichkeiten aus und notiere sie in Stichworten.

Münchhausen fliegt auf einer Kanonenkugel zum Mond

____

____

____

Kurze Geschichten

Kurze Geschichten verstehen und verändern

Wissen und Können

Mit literarischen Texten umgehen

Um eine **kurze Geschichte** besser verstehen zu können, kannst du entweder **Fragen an den Text** (zum Verhalten der Hauptfiguren, zum Inhalt oder zum Spannungsaufbau) stellen und diese beantworten.
Oder du kannst den Text in **Handlungen** umsetzen, z. B. indem du die Gedanken einer Figur hinzufügst, z. B. in Form eines inneren Monologs, einen neuen oder geänderten Schluss, einen Brief oder eine SMS an eine Figur des Textes verfasst oder du erzählst die Geschichte weiter.

Irina Korschunow (1925 – 2013)

Vielleicht wird alles gut

Ich heiße Lena. Ich bin ziemlich schlecht in der Schule. Ich kann nicht gut lesen, und beim letzten Diktat hatte ich achtzehn Fehler.
„Achtzehn Fehler, Lena!", hat Frau Kammer gesagt. „Ich glaube, du musst dich etwas mehr anstrengen, sonst wirst du womöglich nicht versetzt." Ich habe einen großen Schreck bekommen, als ich das hörte. Ich will nicht sitzen bleiben. Ich will in keine andere Klasse gehen. Ich mag Frau Kammer gern. Und ich möchte weiter neben Regine Öhme sitzen, so wie jetzt.
„Bitte doch deine Mutter, dass sie jeden Tag mit dir lernt", hat Frau Kammer noch gesagt.
Aber meine Mutter kann nicht mit mir lernen. Sie geht nachmittags arbeiten, ich bin die Älteste, ich muss aufräumen und einkaufen. Um vier kommt mein Vater, der schimpft so viel. Er stellt auch gleich den Fernseher an, und meine Geschwister toben herum, und dabei soll ich Schularbeiten machen. Mein Bett steht im Wohnzimmer, und meistens kann ich nicht einschlafen, weil der Fernseher läuft. Das alles hätte ich gern Frau Kammer erzählt. Ich traute mich nur nicht. „Was bei uns los ist, braucht niemand zu wissen", sagt meine Mutter immer.
Als die Schule aus war, wollte ich am liebsten mit keinem reden. Doch Regine kam hinter mir hergerannt. Regine ist noch nicht lange in unserer Klasse. Sie hat sich gleich am ersten Tag ganz von allein neben mich gesetzt und mittags gehen wir oft zusammen bis zur großen Kreuzung.
„Sei doch nicht so traurig", sagte sie. „Ich habe auch elf Fehler. Aber meine Mutter diktiert mir jetzt jeden Tag eine Seite, das hilft bestimmt. Das musst du auch machen." Plötzlich bin ich wütend geworden. Die hatte ja keine Ahnung!

„Halt doch die Klappe!“, habe ich sie angebrüllt, und dann musste ich heulen. Regine ist neben mir stehen geblieben. „Was ist denn los?“, hat sie immer wieder gefragt. – Da habe ich ihr alles erzählt. Sie hat zugehört und ein ganz komisches Gesicht gemacht und nichts mehr gesagt. Kein Wort. Nicht mal „Auf Wiedersehen“.

Zu Hause stand ein Haufen Geschirr herum, das musste ich abwaschen. Danach bin ich auf die Straße gegangen. Schularbeiten habe ich nicht gemacht. Ich habe mich auf die Treppenstufen gesetzt und gedacht: „Es hat ja doch keinen Zweck.“

Auf einmal stand Regine neben mir. „Tag, Lena“, sagte sie. „Ich will dich abholen.“ „Warum denn?“, fragte ich und dachte: „Das meint sie ja doch nicht ernst.“ „Du sollst mit zu uns kommen“, sagte sie. „Dann können wir zusammen mit meiner Mutter Diktate üben.“

„Warum denn?“, fragte ich wieder, und da sagte Regine: „Weil du versetzt werden sollst. Ich möchte gern mit dir in einer Klasse bleiben.“

Wirklich, das hat sie gesagt. Genau so! Zuerst wollte ich es immer noch nicht glauben. Aber dann bin ich mit zu ihr gegangen und vielleicht wird jetzt alles gut.

1 Lies den Text und beantworte anschließend die folgenden Fragen:

Was erfahren wir über Lena und ihre Situation? Was über ihre Mutter?

____

____

____

In welcher Situation befindet sich Regine?

____

____

____

An welcher (welchen) Textstellen wird eine besondere Spannung erzeugt?

____

____

____

2 Teile den Text in Handlungsschritte ein. Markiere zunächst Erzählanfang und Höhepunkt der Erzählung, dann erst die anderen Schritte.

3 Schreibe in der Form eines inneren Monologs die Gedanken auf, die Regine auf dem Weg zurück in die Wohnung durch den Kopf gehen, nachdem Lena ihr von ihrer Situation erzählt hat.

Die Perspektive wechseln

Wissen und Können

Aus der Perspektive einer Figur erzählen

Wer für eine Geschichte einen **bestimmten Erzähler** auswählt, fällt damit eine wichtige Entscheidung für den Text: Je nachdem, **aus welcher Sicht** die Geschichte erzählt wird, fällt die **Handlung unterschiedlich** aus. Der neue Erzähler sieht und empfindet das Geschehen anders.

Richard Bach (geb. 1936)

Die Entscheidung

Jonathan, die Möwe, möchte besser fliegen können als andere Wasservögel. Mit gefährlichen Flugmanövern setzt er sein Leben aufs Spiel.

Als er wieder zu sich kam, war es bereits dunkel, er trieb im Mondlicht auf dem Meer dahin. Die Flügel waren zerzaust und schwer wie Blei, doch noch schwerer bedrückte ihn das Gefühl des Versagens.
Fast wünscht er, die Last möge ihn sacht auf den Grund drücken, dass alle Mühe ein Ende habe. Doch als er langsam tiefer sank, klang es seltsam dumpf aus ihm heraus: Du darfst nicht aufgeben, aber du bist nur eine Möwe und kannst über deine Natur nicht hinaus. Wärest du zu solchen Flügen bestimmt, dann hättest du dafür Diagramme, Richtlinien im Kopf. Wärest du zum raschen Fliegen bestimmt, du hättest kurze Flügel wie der Falke und würdest Mäuse fressen statt Fische. Dein Vater hatte Recht. Schluss mit den Torheiten. Flieg heim zu deinem Schwarm und finde dich damit ab, dass eine kleine Seemöwe ihre Grenzen hat. Die Stimme schwieg, und Jonathan musste ihr zustimmen. Möwen verbringen die Nacht nahe der Küste, auf dem Wasser; und er wollte von jetzt an eine normale Möwe sein. […]
Ich bin eine Möwe, dachte er, ich bin wie die anderen Möwen, ich will auch fliegen wie die anderen Möwen. So stieg er mühsam bis zu dreißig Meter Höhe, schlug angestrengt mit den Flügeln und strebte der Küste zu.
Er war erleichtert über die Entscheidung. Er fühlte sich befreit von allem Zwang zum Lernen, von nun an würde es keine Herausforderungen mehr geben, keine Fehlschläge. Und es war angenehm, so gedankenlos durch das Dunkel auf die Lichter an der Küste zuzufliegen.
Dunkel! Die dumpfe Stimme meldete sich, brüchig im Erschrecken. *Möwen fliegen nicht bei Dunkelheit!* …

1 Wie könnte die Geschichte von der Möwe Jonathan weitergehen? Notiere Ideen (z. B. mithilfe eines Ideennetzes) in deinem Heft.

2 Stelle dir vor, du seist eine der anderen Möwen, die Jonathan heimlich beobachtet. Erzähle die Geschichte aus ihrer Sicht. Entscheide dich dafür zunächst, ob du Jonathan beneidest oder ihn für verrückt hältst. Ergänze die Geschichte mithilfe deiner Notizen auch um einen passenden Schluss.

Eine Geschichte überarbeiten

Martin

Im Keller

Denen wird ich's schon zeigen! Feigling, von wegen! Also stieg ich langsam die wacklige Treppe zum Keller hinunter und schon stand ich vor der schweren Eisentür. Was mich wohl dahinter erwartet? Was mach ich bloß, wenn die alte Frau mich erwischt? Dann drückte ich vorsichtig die Türklinge herunter. Ich hielt den Atem an, weil sie entsetzlich quietschte. Abgeschlossen! Ob die anderen das wussten, als sie mir den „Auftrag" erteilten? Ich musste kichern, als ich mir vorstellte, wie sie alle gucken würden, wenn ich mit der Trophäe erscheinen würde. Aber noch war es nicht so weit. Erst musste ich die blöde Tür irgendwie aufbekommen. Die Frau machte sich inzwischen im Kellerraum an dem Regal zu schaffen. „Nanu, wo sind denn die Gläser? Ich hab sie doch gestern erst in das Regal gestellt", dachte sie und holte sich einen Schemel, um besser an das Regal zu kommen. Sie war gerade dabei, ein Glas Marmelade vom obersten Regal zu holen, als sich plötzlich eines der schweren Bretter löste und ...

1 Martin hat versehentlich zwei Parallelgeschichten zu einer vermischt. Benenne die Stelle, an der er von der einen in die andere Geschichte wechselt. Überlege, wieso Martin dieser Fehler wohl unterlaufen ist.

2 Die Geschichten sind beide nicht fertig geschrieben. Erstelle für beide Geschichten einen Handlungsplan mit den wesentlichen Schritten der äußeren Handlung. Plane mit ein, dass der Junge und die alte Dame sich am Höhepunkt der Geschichte begegnen.

3 Wähle einen der Handlungspläne aus und verfasse auf der Grundlage von Martins Aufsatz eine bessere Erzählung aus nur einer der beiden Perspektiven. Verwende so viele Teile aus Martins Text wie möglich, aber ergänze und streiche überall dort, wo es nötig erscheint.

Gedichte

Gedichte wiederherstellen

Wissen und Können

Der Reim im Gedicht

Beim **Paarreim** reimen sich jeweils zwei aufeinanderfolgende Versenden (*aabb* ...), beim **Kreuzreim** jeweils der erste und dritte sowie der zweite und vierte Vers (*abab* ...) und von einem **umarmenden Reim** spricht man, wenn ein Paarreim von zwei Versen umschlossen wird, die sich ebenfalls reimen (*abba* ...).

WES-128934-006

Friedrich Hofmann (1813 – 1888)

Fliegenmahlzeit Audio

Die Familie Siebenbein a
Führt heut, welche Wonne,
Alle hundert ____________
In die ____________

Mhm, wie riechts hier ____________
Nach verfaulten ____________.
Ach, solch grüne Wursthaut ____________
Kitzelt mir den ____________.

Schimmelkäse, alt und ____________.
Eine ganze ____________!
Kinder, wenn ich so was ____________,
Wässert mir der ____________.

Immer schön manierlich ____________,
Nicht so hastig ____________!
Brumsebrim, es ist nicht ____________,
Sich was ____________.

Sissilinchen, du ____________:
Nicht mit allen ____________!
Wenn man in Gesellschaft ____________,
Darf man nicht so ____________. *(Text verändert)*

Kneipe · sein · Rüssel · Kinderlein · seh · Schlüssel · Abfalltonne · Gaumen · wunderbar · gar · Pflaumen · fein · einzustecken · schlecken · grauenvoll · Mund · sechsen · zäh · Birnen · ist · klecksen · vergisst

1 Ergänze die fehlenden Reimwörter. Tipp: Es bleiben Wörter übrig.

2 Schreibe die entsprechenden Kleinbuchstaben neben die Verse und bestimme das Reimschema.

3 Höre dir den Gedichtvortrag an und überprüfe deine Lösung.

Christina Zurbrügg (geb. 1961)

Einmal

verwandle ich mich in ein Tier,
das hüpft wie ein ____________,
schleicht wie eine ____________
und rennt wie ein ____________.
Ich habe die Augen wie ein ____________
und kann den Kopf
drehen wie ein ____________
Ich grabe mich wie eine
tief
in die Erde
und lasse mich an einem Faden
vom Wind durch das Land tragen.
Ich werde Räder schlagen
wie ein ____________
gurren wie eine ____________
und krächzen wie ein ____________
Und einmal kommt der ____________
und der trifft mich nicht.

Uhu · Falke · Schnecke · Reh · Raupe · Taube · Pfau · Frosch · Rabe · Jäger

(Text verändert)

4 Ergänze die Lücken mit den passenden Wörtern. Was hat dir geholfen, die passenden Wörter zu finden?

5 Jemand behauptet, dies sei kein Gedicht. Was antwortest du ihm?

6 Beim Druck ist aus dem folgenden Gedicht ein Fließtext geworden. Schreibe diesen in ein Gedicht um. Überlege dir vorher, was ein Gedicht kennzeichnet.

Margaret Klare (geb. 1932)

Katz und Maus

Es träumte eine kleine Maus einmal am hellen Tag, dass neben ihr im Mäusehaus die böse Katze lag. Doch war die Katz in ihrem Traum ein Kätzlein, klein und brav. Die Maus, die konnt es glauben kaum und freute sich im Schlaf. Sie nahm das Kätzchen auf den Schoß; es hat sich nicht gewehrt. Die Maus erwacht: Der Schreck ist groß und alles umgekehrt.

Das Metrum eines Gedichts bestimmen

Wissen und Können

Die Metrum

Neben Reim und Strophe ist das **Metrum** (auch Versmaß genannt) ein wichtiges formales Element des Gedichts. Mit dem Begriff Metrum meint man eine **regelmäßige Folge von betonten und unbetonten Silben** der Wörter eines Verses. Aufgeschrieben wird das Metrum, indem man für jede Silbe ein x schreibt und die betonte Silbe mit einem Akzent kennzeichnet (z. B. x́ oder xx́). Bei einem regelmäßigen Metrum wiederholt sich das Muster. Es gibt aber auch Fälle, in denen das Metrum wechselt oder ein Vers aus der Reihe fällt.

1 Höre dir den Gedichtvortrag an und markiere die betonten Silben wie in dem Beispiel. Denke daran, dass nicht alle Verse das gleiche Metrum haben müssen.

WES-128934-007

Christian Morgenstern (1871 – 1914)

Die zwei Wurzeln

Audio

x x́ x x́ x x́ x x́
Zwei Tannenwurzeln groß und alt

unterhalten sich im Wald.

Was droben in den Wipfeln rauscht,

das wird hier unten ausgetauscht.

Ein altes Eichhorn sitzt dabei

und strickt wohl Strümpfe für die zwei.

Die eine sagt: knig. Die andre sagt: knag.

Das ist genug für einen Tag.

2 In Vers 1 wird das Metrum vorgegeben. Zwei andere Verse weichen davon ab. Erläutere, wie diese Abweichungen mit dem Inhalt des Gedichts zusammenhängen.

3 Notiere Strophen- und Verszahl und benenne den Reim.

Sprachliche Bilder deuten

Wissen und Können

Sprachliche Bilder

Oft „malen“ Dichter mit Worten. Manche Formulierungen lassen in deinem Kopf Bilder und anschauliche Vorstellungen entstehen. Diese Formulierungen nennt man sprachliche Bilder. Dazu gehören:

- **Vergleiche** (z. B.: „Tage wie Vögel“): Bei einem Vergleich wird mithilfe von Vergleichswörtern (z. B. *wie* oder *so*) etwas (z. B. das Verhalten) bildlich beschrieben.
- **Personifikationen** (z. B.: „Der Herbst steht auf der Leiter“). Bei Personifikationen erhalten Gegenstände oder Begriffe menschliche Eigenschaften. Dadurch wird ein Gedicht lebendig und anschaulich.

Elly Demmer (1901 – 1984)

Nebel

Nebel. Nebel – grau wie Rauch.
Gespenstisch jedes Licht –
jeder Baum – jeder Strauch.
Die kahlen Äste
sind kaum zu sehen.
Irgendwo oben
krächzen Krähen.
Und die Menschen huschen
wie Schatten vorbei.
Und dort in der Ferne!
Was mag das sein?
Ein Ungeheuer?
Mit Augen wie Feuer?
Ja! Es bewegt sich –
es wälzt sich heran!
Du hältst voller Angst
den Atem an.

Doch dann –
…

1 Was habt ihr selbst schon einmal bei dichtem Nebel erlebt? Erzählt davon. Lest das Gedicht und vergleicht mit euren Erlebnissen.

2 Untersucht die im Gedicht verwendeten Vergleiche, indem ihr sie herausschreibt und euch ihre Bedeutung gegenseitig erklärt. Überlegt anschließend, welche Stimmung diese Vergleiche hervorrufen. Bezieht in eure Überlegungen auch die vielen Gedankenstriche (etwa in V. 3 und 14) mit ein.

3 Das Gedicht ist hier unvollständig abgedruckt. Es fehlen noch drei Verse. Wie könnte es weitergehen? Schreibe die letzte Strophe zu Ende.

4 Tragt eure Lösungen vor und überlegt, ob sie zu dem Gedicht passen. Vergleicht abschließend eure Versionen der letzten Strophe mit dem Originalschluss des Gedichts in den Lösungen.

Ein Gedicht vortragen

Wissen und Können

Der Gedichtvortrag

Wenn du ein Gedicht ausdrucksvoll vortragen mochtest, ist es sinnvoll, dieses zunächst mit Zeichen zu versehen, die dir einen Hinweis geben, was du mit Betonungen, Lautstärke und deiner Stimme alles machen kannst, um bestimmte Wirkungen zu erzeugen.
Folgende Zeichen helfen dir dabei:

- **Betonungen:** / = Silbe betonen
- **Pausen:** I =kurze Pause; II = lange Pause
- **wechselnde Lautstärke:** < = lauter werden; > = leiser werden
- **unterschiedliches Sprechtempo:** → = schneller werden; ← = langsamer werden
- **Veränderung der Stimme:** ↗ = Stimme heben; ↘ = Stimme senken

Heinz Erhardt (1909 – 1979)

Der Schmetterling

Es war einmal ein buntes Ding
ein so genannter Schmetterling.

Der flog wie alle Falter
recht sorglos für sein Alter.

Er nippte hier – er nippte dort
und war er satt, so flog er fort.

Flog zu den Hyazinthen
und schaute nicht nach hinten.

So kam's, dass dieser Schmetterling
verwundert war, als man ihn fing.

1 Wähle eines der beiden Gedichte von dieser und der nächsten Seite aus und bereite es mithilfe der Zeichen für einen Gedichtvortrag vor.

2 Trage dein Gedicht laut deinen Eltern, Großeltern oder Freunden vor und setze dabei Stimme, Gestik und Mimik bewusst übertrieben ein. Lasse dir danach von ihnen ein Feedback geben.

3 Probiere verschiedene Stimmungen (z. B. traurig, fröhlich etc.) aus. Wie verändert sich dadurch dein Gedichtvortrag? Mit welchen Mitteln kann man welche Wirkungen erzeugen?

Ernst Jandl (1925 – 2000)

auf dem land

rininininininininDER
brüllüllüllüllüllüllüllEN

schweineineineineineineineinE
grununununununununZEN

hununununununununDE
bellellellellellellellEN

katatatatatatatatZEN
miauiauiauiauiauiauiauEN

katatatatatatatatER
schnurrurrurrurrurrurrurrEN

gänänänänänänänänSE
schnattattattattattattattERN

ziegiegiegiegiegiegiegEN
meckeckeckeckeckeckeckERN

bienienienienienienienEN
summummummummummummummummEN

grillillillillillillillEN
ziririririririrPEN

fröschöschöschöschöschöschöschE
quakakakakakakakakEN

hummummummummummummummummELN
brummummummummummummummummEN

vögögögögögögögEL
zwitschitschitschitschitschitschitschERN

4 Überlege, welche anderen Gestaltungsmittel (z. B. Bewegungen, Geräusche, Musik, etc.) du für deinen Gedichtvortrag verwenden kannst, und probiere verschiedene davon aus.

5 Schau dir unterschiedliche Präsentationen des Gedichts „auf dem land“ an. Mit welchen Mitteln arbeiten die Vortragenden jeweils?

Sachtexte

Informationen aus einem Sachtext gewinnen, ordnen und darstellen

Wissen und Können

Eine Mindmap erstellen

Es gibt verschiedene Methoden, um **Informationen aus einem Sachtext** zu gewinnen, zu ordnen und darzustellen. Hilfreich ist es, den Text nach dem Lesen in **Sinnabschnitte** einzuteilen und die Inhalte jedes Abschnitts in **Stichworten** knapp zusammenzufassen. Mithilfe einer **Mindmap** (engl.: Gedanken-Landkarte) kannst du diese Stichworte ordnen und darstellen, in welchem **Zusammenhang** sie stehen.

1 Überfliege den folgenden Text.

Birgit Kuhn, Jürgen Brück

Sauber kleben ohne Klebstoff. Der Gecko

Geckos sind in zweierlei Hinsicht bemerkenswert: Die kleinen Reptilien können zum einen kopfüber an einer Zimmerdecke entlanglaufen, ohne dabei herunterzufallen, zum anderen bleiben ihre Füße dabei stets sauber. Ihr Haftprinzip ist demnach nicht nur materialarm, sondern auch selbstreinigend. Stellt sich die Frage: Wie kann man dieses Prinzip der Natur technisch umsetzen?

1. Abschnitt, Zeile 1 – 6: Bemerkenswerte Eigenschaften der Geckos

Elektrostatische Anziehungskräfte

Ein vom Physiker Eduard Arzt (*1956) geleitetes Forscherteam des Max-Planck-Instituts für Materialforschung hat die Struktur der Geckofüße unter dem Elektronenmikroskop untersucht. Das Ergebnis: Die Füße der Geckos besitzen Millionen feinster Härchen, so genannte Setae, die sich an ihren Spitzen in bis zu tausend winzige Wülste aufspalten. Diese spatelartigen Verästelungen heißen in der Fachsprache Spatulae. Die Spatulae des

Geckos sind mit einer Größe von 200 Nanometer (Milliardstelmeter) so fein strukturiert, dass hier so genannte Van-der-Waals-Kräfte, d.h. kleinste elektrostatische Anziehungskräfte, wirken.
Die Kräfte, die die Millionen Spatulae der Geckofüße entwickeln, summieren sich so sehr, dass sich ein Gecko mit nur einem Zeh an der Deckenscheibe eines Terrariums halten kann. Auf alle Füße umgerechnet besitzt der Gecko im Vergleich zu seiner eigenen Größe wahre Herkuleskräfte – er könnte 140 Kilogramm halten. Dennoch lässt sich diese enorme Haftung auch leicht wieder lösen: Bei der Gehbewegung, d.h. dem Abrollen des Fußes, ändert sich der Winkel, mit dem die Spatulae haften, sodass die elektrostatischen Anziehungskräfte hierbei außer Kraft gesetzt werden.
Doch warum sind die Geckofüße sauber, egal, auf welchem Untergrund die Tiere laufen? Dieses Rätsel haben amerikanische Forscher bereits gelüftet: Die Anziehungskräfte zwischen Spatulae und Schmutz sind schwächer als diejenigen zwischen Schmutz und Oberfläche. Verschmutzungen bleiben also nicht auf den Geckofüßen, sondern auf der Oberfläche haften.

Vorbild für neue Haftstrukturen

Noch arbeiten die Forscher an Klebstoffen auf nanotechnologischer Basis, die nicht mehr verschmutzen und Gegenstände beliebig oft verbinden können. Der Kleber soll ferner dazu in der Lage sein, an nahezu allen Oberflächen zu haften, sich jedoch auch möglichst leicht wieder lösen zu lassen. Obwohl man inzwischen noch feinere Härchen und Spatulae entwickelt hat, als sie der Gecko besitzt, ist es bisher noch nicht gelungen, einen solchen Kleber zu entwickeln, da die künstlichen Nanohärchen bislang noch zum Verfilzen neigen. Dennoch sind die meisten Forscher optimistisch und rechnen damit, dass der Kleber schon in naher Zukunft in vielen industriellen und technischen Bereichen, etwa in der Robotertechnik oder in der Bekleidungsindustrie, eingesetzt werden kann.

2 Markiere beim zweiten Lesen Schlüsselwörter und/oder Kernaussagen. Kläre unbekannte Wörter.

3 Gliedere den Text in Sinnabschnitte und formuliere Überschriften wie im Beispiel.

4 Halte die gewonnenen Informationen in einer Mindmap fest. Nutze dazu die digitale Vorlage. **Arbeitsblatt**

WES-128934-008

5 Erkläre in einem zusammenhängenden Text, inwieweit die Fähigkeiten der Geckos Vorbild für die Entwicklung eines neuen Klebstoffs sind. Nutze dazu die Informationen aus deiner Mindmap.

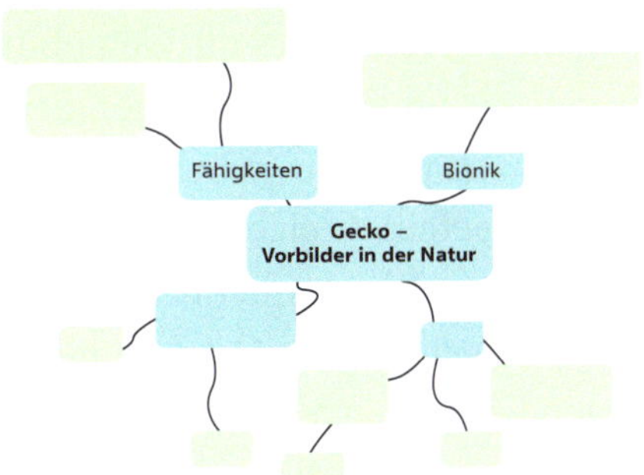

Fragen an einen Sachtext stellen

Wissen und Können

Fragen an einen Sachtext erstellen

Um Informationen aus einem Sachtext zu erfassen, kannst du auch **Fragen an den Sachtext stellen** und gezielt Antworten auf diese Fragen finden. Dabei formulierst du nach einem ersten Überfliegen des Textes eigenständig Fragen, klärst unbekannte Wörter und markierst anschließend Schlüsselwörter, die dir helfen, die Fragen zu beantworten.

1 Überfliege den folgenden Sachtext. Überlege, was das Thema des Textes ist, indem du eine der folgenden Themenformulierungen wählst und dies begründest:

- Der Text thematisiert, wie Termiten ihre Bauten belüften und dort die Temperatur regulieren.
- In dem Text wird erklärt, wie Wissenschaftler Termitenbauten erforschen.
- In dem Text geht es darum, wie Termiten ihre Hügel bauen.

Zdenek Cerman, Wilhelm Barthlott, Jürgen Nieder

Termiten wird es auch ohne Klimaanlage niemals zu warm

Wahre Wolkenkratzer bauen die australischen Nasutitermes-Termiten: Ihre Säulennester können bis 8 Meter Höhe erreichen. Unterhalb des Bodenniveaus reichen die „Keller“ noch einmal mehrere Meter in die Tiefe, sodass die mächtigen Erdkonstruktionen eine Gesamtgröße von 10 und mehr Metern erreichen können. Klimatisierung von Großbauten – das hat schon so manchen Techniker ins Schwitzen gebracht. Wie aber schaffen es die Termiten, die Bauten zu belüften und für eine gleichmäßige Temperatur im Inneren zu sorgen?
Auch Termiten produzieren Wärme, die schnell unerträgliche Temperaturen erreichen könnte, da das poröse Material des Termitenhügels wie Isolationsmaterial wirkt. Ohne eine ausgeklügelte Belüftung der Bauten würden in kürzester Zeit keine Termiten überleben können.
Offenbar verstehen es die kleinen Insekten meisterhaft, die Sonneneinstrahlung zu nutzen, um eine Zirkulation der Luft im Inneren des Hügels anzukurbeln. Der Bau ist grob in einen Keller, ein Nest, eine Königinnenkammer und einen Dom eingeteilt. Gleichzeitig ziehen sich, der Außenwand nahe, Kanäle von oben nach unten. Diese sind durch Poren und Öffnungen mit der Außenluft verbunden. Je nach Tageszeit und Sonnenstand strömt die Luft vom Keller in den oben liegenden Dom oder umgekehrt. Die Luft wird dabei jeweils in den Kanälen erneuert; Sauerstoff wird aufgenommen, Kohlendioxid im Gegenzug abgegeben.

Noch extremer haben sich einige Termiten (Amitermes laurensis und A. meridionalis) in Australien an die schwankenden Temperaturbedingungen angepasst. Die Temperaturdifferenz zwischen Tag und Nacht ist sehr groß, weshalb für die Nacht Wärme getankt und tagsüber die Sonneneinstrahlung minimiert werden muss. Dafür sind die Bauten nicht wie bei ihren Verwandten rund, sondern flach wie Grabsteine aufgebaut. Da die planen[1] Flächen des Baus genau in Ost-West-Ausrichtung stehen, werden die Termiten in Australien „Magnetic Termites“ genannt. Mit diesem an den Verlauf der Sonne angepassten Aufbau wird dafür gesorgt, dass morgens Wärme nach nächtlicher Auskühlung aufgenommen, in der Mittagszeit nur die schmale Oberkante des Baus beschienen und abends vor der Nacht nochmals an der Westseite Wärme gespeichert wird.

Bis heute sind die meisterhaften Leistungen der kleinen Insekten trotz zahlreicher Untersuchungen nicht hinreichend verstanden. Die passive Klimaregulierung der Termitenbauten ist zwar seit Längerem bekannt, aber bis heute in der Architektur noch nicht realisiert worden. Vor dem Hintergrund der Energieeinsparung und der Forderung nach immer besseren Niedrigenergiehäusern ist die Erforschung der Termitenbauten wieder neu angekurbelt worden. Obwohl in den 1960ern von dem Berner Zoologen Martin Lüscher die Prinzipien bereits beschrieben wurden, konnte man noch 2004 aus der Presse entnehmen, dass sich erneut Wissenschaftler, diesmal von der Loughborough University, mit der Erforschung der Termitenbauten und ihrer Klimatisierung beschäftigten. Die Resultate der Forscher sollen dabei helfen, die Entwicklung neuartiger Gebäude mit einer Passivlüftung voranzutreiben.

Bau der australischen Nasutitermes-Termiten

[1] **plan:** flach, eben

2 Formuliere nach dem ersten Lesen Fragen an den Text.

3 Finde Antworten auf die Fragen, indem du den Text erneut überfliegst. Kläre unbekannte Wörter, indem du beispielsweise in einem Wörterbuch oder Lexikon nachschlägst.

4 Markiere beim anschließenden gründlichen Lesen Schlüsselwörter und/oder Kernaussagen.

5 Beantworte deine Fragen aus Aufgabe 2 in einem zusammenhängenden Text.

6 Lies dir den Sachtext erneut durch. Überprüfe dabei, ob du alles richtig erfasst hast.

7 Recherchiere, ob du weitere Informationen zum Termitenbau findest. Stelle deine Ergebnisse z. B. in einer Mindmap dar.

Film

Kameraperspektive und Einstellungsgröße

Wissen und Können

Kameraperspektive und Einstellungsgröße untersuchen

Die **Kameraperspektive** beschreibt, auf welcher Höhe sich die Kamera befindet. Man unterscheidet **Normalsicht** (Augenhöhe), **Vogelperspektive** (über dem Geschehen) und **Froschperspektive** (unter dem Geschehen). Die **Einstellungsgröße** legt die Größe des Bildausschnitts fest. Man unterscheidet **Totale** (ganzer Handlungsraum), **Halbtotale** (Figuren und Umfeld), **Nah** (Brustbild, Kopf und Oberkörper), **Groß** (Kopf) und **Detail** (kleiner Ausschnitt).

1 Bestimme für die nachfolgenden Filmbilder jeweils die Kameraperspektive und die Einstellungsgröße und beschreibe ihre Wirkung.

Beschreibung: ______________________________

____

Wirkung: ______________________________

____

Beschreibung: ______________________________

____

Wirkung: ______________________________

____

Beschreibung: ______________________________

____

Wirkung: ______________________________

____

Mit Bildern erzählen

Wissen und Können

Der Filmschnitt

Beim **Filmschnitt** werden die einzelnen **Filmszenen** so aneinandergefügt, dass sie für den Zuschauer bzw. die Zuschauerin eine **Geschichte** erzählen.

1 Erzähle die folgenden Szenen in Bildern nach. Wähle dazu passende Kameraeinstellungen und -perspektiven und zeichne deine Filmbilder in die entsprechenden Kästen.

Ein Junge sitzt in einem Ruderboot. Er ist ganz allein auf einem riesigen Ozean unterwegs. Er fürchtet sich.

Einstellung:	Einstellung:	Einstellung:
Perspektive:	Perspektive:	Perspektive:

In der Klasse wird eine Arbeit geschrieben. Ein Mädchen weiß nicht mehr weiter. Da schiebt ihr der Banknachbar einen Spickzettel zu.

Einstellung:	Einstellung:	Einstellung:
Perspektive:	Perspektive:	Perspektive:

Sätze und Satzglieder

Sätze erkennen

Wissen und Können

Sätze erkennen

Sätze kannst du am **finiten (konjugierten)** Verb erkennen. Sätze haben ein Anfangssignal, die Großschreibung am Satzanfang, und ein Stoppsignal am Ende, das Satzzeichen.

Asterix bei den Briten

Auf der Suche nach dem Fass mit dem Zaubertrank probiert Obelix zahlreiche Weinfässer. So gelingt es den römischen Besatzern, Obelix in betrunkenem Zustand im Turm von Londinium einzukerkern. Währenddessen sind Asterix und Teefax auf der Suche nach ihm und erreichen den Turm. Als Obelix seinen Rausch ausgeschlafen hat, bricht er mit seinem Freund, dem Briten Relax, aus …

1 Markiere in folgendem Comic alle grammatikalisch richtigen Sätze.

2 Erkläre, warum in diesem Comic so viele Äußerungen verwendet werden, die keine vollständigen Sätze sind.

Sätze analysieren mit der Feldertabelle

1 Das **Prädikat** teilt den Satz in **Felder** ein. Da es haufig zweiteilig ist, entsteht die fur das Deutsche typische **Satzklammer**. Trage folgende Sätze in die Feldertabelle ein. Orientiere dich am Beispiel.

Teefax teilt dem Chef der Gallier sein Problem mit.
Miraculix bereitet ein ganzes Fass mit Zaubertrank zu.
Asterix und Obelix wollen den britischen Freunden sofort helfen.
Obelix kann es nicht erwarten.
Er verprügelt am liebsten die römischen Legionäre.
Dabei sammelt er alle römischen Helme ein.
Die Römer fürchten sich vor den schlagkräftigen Galliern.
Für die Feier bereiten die Gallier ein großes Wildschweinessen vor.

Vorfeld VF	linke Satz-klammer LSK	Mittelfeld MF	rechte Satz-klammer RSK
Die Briten	*trinken*	*heißes Wasser mit Milch.*	
Teefax			

2 In welchen Sätzen bilden trennbare Verben die Satzklammer? Schreibe diese trennbaren Verben in folgendes Kreuzworträtsel.

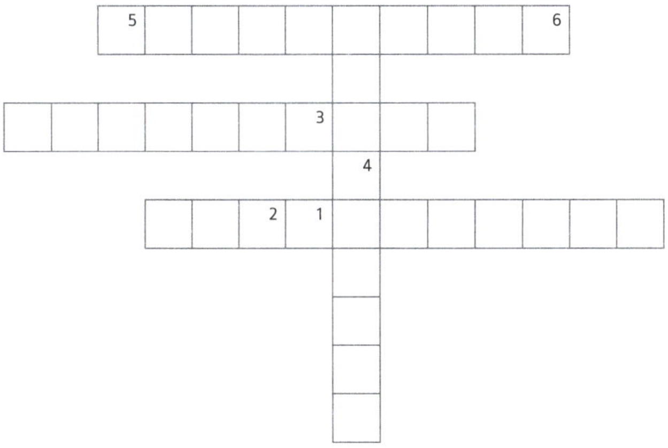

Lösungswort: ______________________

3 Untersuche die Äußerung des Briten Teefax (links) in der Feldertabelle. Notiere zuerst den fehlerhaften Satz und schreibe dann den Satz richtig darunter. Welchen Fehler macht Teefax?

Vorfeld VF	linke Satzklammer LSK	Mittelfeld MF	rechte Satzklammer RSK
Wir			

4 Vergleiche Teefax' zweiten Satz mit der englischen Übersetzung:
Wir werden ersetzen euch eure Pforte.
We will replace you the gate.

Trage ihn ebenfalls in folgende Feldertabelle ein.

Vorfeld VF	linke Satzklammer LSK	Mittelfeld MF	rechte Satzklammer RSK
We			

5 Erkläre in deinem Heft, warum Teefax diese Fehler im Deutschen macht.

Verben ergänzen

Regel

Die „Wertigkeit" des Verbs

Jedes Verb bindet eine bestimmte Anzahl von **Ergänzungen** an sich. Man spricht auch von der **„Wertigkeit" des Verbs**. Mithilfe von „Ärmchen" kann man dies veranschaulichen.
Beispiel: Das Verb *erklären* ist zweiwertig:

erklären

jemand — etwas

Solche notwendigen Ergänzungen kannst du mithilfe der Weglassprobe ermitteln:
Angaben, die nicht notwendig sind, können weggelassen werden. Der Satz bleibt trotzdem grammatikalisch richtig.

1 Untersuche folgende Verben und ergänze die Ärmchen.

schlafen

jemand

Das Verb schlafen ist einwertig.

wohnen

erzählen

spielen

schenken

graben

zeigen

Wortgruppen erkennen und den Kasus bestimmen

Wissen und Können

Nominalgruppen und Präpositionalgruppen

Eine **Wortgruppe** ist eine Folge von Wörtern mit einem Kern, der bestimmt, was zur Wortgruppe gehört. **Nominalgruppen** haben ein Nomen als Kern: „mein alter **Freund". Präpositionalgruppen** haben eine Präposition als Kern, die einen Kasus fordert: „**auf** dem Tisch".
Im Satz haben **Wortgruppen** unterschiedliche Funktionen, z. B. Subjekt, Objekt oder adverbiale Bestimmung. Mithilfe der **Ersatzprobentabelle** kann der Fall (Kasus) bestimmt werden.

dir/dich-Probe	Topo-Probe	Fragewort-Probe	Fall (Kasus)
du	der Topo	wer? was?	**Nominativ (Wörterbuch-Fall)**
dir	de**m** Topo	we**m**?	**Dativ**
dich	de**n** Topo	we**n**? was?	**Akkusativ**
deiner	de**s** Topo**s**	we**ss**en?	**Genitiv**

1 Bestimme den Kasus für die markierten Wortgruppen. Formuliere dazu jeweils einen Satz, in dem diese Wortgruppe in dieser Form vorkommt, und mache die Ersatzprobe.

der Mutter: *Das Auto gehört der Mutter.*

Ersatzprobe: *Das Auto gehört dem Topo. (Das Auto gehört dir. Das Auto gehört wem?) → Dativ*

den wertvollen Schatz: _____

Ersatzprobe: _____

der Königin: _____

Ersatzprobe: _____

dem Frosch: _____

Ersatzprobe: _____

gegen die Tür: _____

Ersatzprobe: _____

auf der bunten Wiese: _____

Ersatzprobe: _____

Satzglieder erkennen: Das Subjekt

Regel

Das Subjekt mithilfe von Proben erkennen

Das **Subjekt** ist das Satzglied, das das Verb in Person (1., 2., 3. Person) und Numerus (Singular, Plural) bestimmt. Es steht im Nominativ.
Mit der **Pluralprobe** kann das Subjekt gefunden werden: Setze dazu die Nomen des Satzes nacheinander in den Plural (oder in den Singular, wenn der Plural vorhanden ist). Muss das Prädikat verändert werden, hast du das Subjekt gefunden.
Auch mit der **Frageprobe** kann das Subjekt ermittelt werden: Wer?

1 Kreuze in der Schwankgeschichten nur die Subjekte an.

Unbekannter Verfasser

Glaubst du dem Esel oder mir?

Ein anderes Mal ☐ kam ein Mann ☐ zu Nasreddin Hodscha ☐, um sich einen Esel ☐ von ihm ☐ zu borgen. „Sehr gerne“, sagte Nasreddin ☐, „aber heute ist mein Esel ☐ nicht da!“ In diesem Augenblick ☐ jedoch schrie der Esel ☐ hinter dem Haus ☐ laut „I-aaah“ ☐. Der Mann ☐ fragte verwundert: „Warum lügst du ☐? Dein Esel ☐ ist doch zuhause ☐!“ Nasreddin ☐ antwortete: „Warum bist du ☐ so verwundert? Wem ☐ glaubst du ☐ mehr, mir ☐ oder einem Esel ☐?“

2 Unterstreiche in den Sätzen das Subjekt. Setze dann die richtigen Verbformen der Prädikate ein. Achte auch auf die Tempusform.

In fast allen Ländern ___*gibt*___ (geben) es Schwankgeschichten. Eine berühmte Sammlung von Schwänken ____________ (sein) die von Till Eulenspiegel, die ein Verlag 1515 erstmals ____________ (drucken). Im vorderasiatischen Raum ____________ (sein) Nasreddin Hodscha der Held vieler Schwänke. Wahrscheinlich ____________ (leben) er im 13. oder 14. Jahrhundert. Eine große Zahl von Anekdoten ____________ (sein) von ihm überliefert. Noch heute ____________ (lachen) man über seine Streiche.

Satzglieder erkennen: Die Objekte

Wissen und Können

Die Objekte

Das finite Verb bestimmt die Anzahl der **Objekte** und deren **Kasus**. Wir unterscheiden: Objekte im **Akkusativ**, im **Dativ** oder im **Genitiv**. Mithilfe der **Ersatzprobentabelle** (vgl. S. 54) kann der Kasus bestimmt werden.

1 In den Sätzen sind Akkusativ- und Dativobjekte durcheinandergeraten. Verbinde die Satzteile so, dass sie einen Sinn ergeben.

2 Kreuze an, ob es sich bei den Objekten um ein Dativ- oder ein Akkusativobjekt handelt.

		Dat.-Obj.	Akk.-Obj.
(1) Die Schüler schreiben	die Zeitung.		
(2) Das Kind ähnelt	den Blumenstrauß.		
(3) Wir sehen	dem Publikum.		
(4) Der Vater liest	der Schulleiterin.		
(5) Der Redner dankt	das Unglück.		
(6) Charlotte kauft	seiner Mutter		

3 Male die Kronen mit den Verben,
- denen eine Ergänzung im Akkusativ folgt, gelb aus,
- denen ein Dativ-Objekt folgt, grün aus.

4 Zwei Kronen bleiben übrig. Male sie rot an. Welche Ergänzung fordern diese Verben? Formuliere je einen Beispielsatz in deinem Heft.

Satzglieder erkennen: Adverbiale Bestimmungen

Wissen und Können

Adverbiale Bestimmungen

Adverbiale Bestimmungen sind Satzglieder, die über die näheren Umstände eines Geschehens informieren. Sie lassen sich nach ihrer Bedeutung unterteilen und durch W-Fragen ermitteln: Angabe der **Zeit** (Wann? Wie lange? Seit wann?), Angabe des **Ortes** (Wo? Wohin? Woher?), Angabe des **Grundes** (Warum? Weshalb?), Angabe der **Art und Weise** (Wie? Auf welche Weise? Womit?).

1 In dem Gedicht sind einige Adverbiale weggelassen. Du findest sie im Wörterkasten. Setze sie an der richtigen Stelle ein und bestimme sie.

mit einem Tuch aus Seide ▪ verschmitzt ▪ im Nu ▪ auf der grünen Heide ▪ in seiner eigenen Tasche ▪ ganz fest ▪ auf der schönen Weide ▪ stundenlang

Seltsame Tiere

Ein Esel und ein Känguru,
die spielten einmal Blindekuh

auf der grünen Heide. — *Adverbiale des Orts (Wo?)*
Dem Esel band das Känguru

__________ die beiden Augen zu — __________

__________ — __________

Dann sprach
das Känguru: — __________
„Nun, suche mich, du Esel du, — __________

hier __________!“ — __________
Der Esel sucht das Känguru — __________
nun
als „blinde Kuh“, — __________
fand's nicht, zu seinem Leide. — __________

Denn es versteckte sich __________, — __________
das listenreiche Känguru, — __________
das rasche,

__________. — __________

Sätze analysieren

Wissen und Können

Sätze analysieren

Gehe bei der Satzanalyse in vier Schritten vor:
1) Markiere zuerst das finite Verb mit Gelb.
2) Markiere die Wortgruppen, die beim Vorfeldtest zusammenbleiben, durch eine Klammer.
3) Kläre mit der Ersatzprobe, in welchem Kasus die jeweilige Ergänzung des Verbs steht oder ob es sich um eine Angabe des Ortes, der Zeit, des Grundes oder der Art und Weise handelt.
4) Benenne die Satzglieder: Subjekt, Objekt, Adverbiale Bestimmung.

1 Ergänze folgende Satzanalyse, indem du die Wortgruppen und Satzglieder bestimmst. Die Wörter im Kasten können dir helfen.

Prädikat ▪ Akkusativ ▪ des Ortes ▪ Objekt im Akkusativ ▪ Adverbiale Bestimmung des Ortes

In der Werkstatt **trägt** T-Saster große Kopfhörer.

	In der Werkstatt	trägt	T-Saster	große Kopfhörer
	Präpositionalgruppe	finites Verb	Nominalgruppe	Nominalgruppe
	Angabe ...		Ergänzung im Nominativ	Ergänzung im ...
Satzglieder			Subjekt (immer im Nominativ)	

2 Stelle den Satz zweimal um, ohne dass sich der Sinn verändert.

____

____

3 Überprüfe deine umgestellten Sätze: Wo kann das Subjekt stehen?

4 Analysiere folgenden Satz und bestimme die Satzglieder.

Miraculix braut den Briten einen Zaubertrank.

Nominalgruppe | finites Verb | | Nominalgruppe

Ergänzung im ... |  | Ergänzung im ... | Ergänzung im ...

tz-
der

... (immer im Nominativ) | | **Objekt** ... |

5 Stelle den Satz zweimal um, ohne dass sich der Sinn verändert.

____

____

6 Welche Wortgruppe wird durch das Umstellen betont?

____

____

7 Analysiere den folgenden Satz wie in den Aufgaben 1 und 5.

Im kleinen gallischen Dorf feierten die Helden ein großes Fest.

Satzarten unterscheiden

Regel

Satzarten unterscheiden

Je nach der **Stellung des finiten Verbs** unterscheiden wir folgende **Satzarten**:

- **Verbzweitsatz** (V2): Das Vorfeld ist besetzt, das finite Verb steht an **zweiter** Stelle in der linken Satzklammer. Verbzweitsätze sind häufig Aussagesätze, können aber bei entsprechender Betonung auch als Fragesatz genutzt werden.
- **Verberstsatz** (V1): Das Vorfeld ist leer, das finite Verb steht an **erster** Stelle. Mit Verberstsätzen kann man Fragen, Aufforderungen und Befehle ausdrücken.
- **Verbletztsatz** (VL): In zusammengesetzten Sätzen steht das finite Verb im abhängigen Nebensatz an letzter Stelle. Die Subjunktion (z. B. *weil, obwohl, dass*) besetzt die linke Satzklammer.

!

1 Du findest hier zahlreiche Graffitis an der Wand. Umkreise jeweils das Prädikat und setze dem finiten Verb eine Krone auf.

2 Unterstreiche die Verbzweitsätze grün und die Verberstsätze rot.

Sprechabsichten erkennen

Wissen und Können

Sprechabsichten

Mit Verberst- und Verbzweitsätzen können verschiedene **Sprechabsichten** ausgedrückt werden: aussagen, fragen, befehlen, ausrufen, auffordern.

1 Trage die Sätze aus dem Graffiti auf Seite 60 in die folgende Tabelle ein. Bestimme die Sprechabsicht.

Graffiti-Satz	Satz-zeichen	Satzart (V1, V2)	Sprechabsicht (Aussage, Frage, Ausruf, Aufforderung, Befehkl)
In mir schlummert ein Genie.	*.*	*V2*	*Aufforderung*
Nur das Biest wird nicht wach!	*!*	*V2*	*...*
Fürchte ...			

2 Finde weitere kluge Sprüche und notiere sie in deinem Heft. Schreibe die Satzart in Klammer dahinter. Achte auf die Satzzeichen!

Satzgefüge untersuchen

Wissen und Können

Satzgefüge

Bei einem **Satzgefüge**: handelt es sich um eine Unterordnung von Nebensätzen (Verbletztsätze) unter Hauptsätze (meist Verbzweitsätze) durch **Subjunktionen** (z. B. *weil, obwohl, da, dass, während*).
Haupt- und Nebensatz werden durch Komma getrennt.

1 Unterstreiche die Hauptsätze (V2) mit gerader Linie und die Nebensätze (VL) mit gewellter Linie. Kreise das einleitende Bindewort ein.

Der gestohlene Schmuck

Eines Morgens wurde Kommissar Hansmann unsanft geweckt, weil das Telefon klingelte. Seine Sekretärin teilte ihm mit, dass in der Villa Blankenhorn heute Nacht wertvoller Schmuck aus dem Safe gestohlen wurde. Hansmann bestellte ein Taxi, damit er schneller die Villa erreichen konnte. Er kannte Frau von Blankenhorn gut und wusste deshalb, dass sie sehr ungemütlich sein konnte. Ihr Sohn war ein stadtbekannter Spieler, er hatte überall Spielschulden. Hansmann musste früher schon öfter in der Villa vorsprechen, weil Anzeigen wegen nicht gezahlter Zeche vorlagen. Als er klingelte, bellte der Hund für die ganze Nachbarschaft hörbar im Zwinger. Bei seinen früheren Besuchen war es ebenso gewesen, denn der Hund kannte ihn nicht und er betrachtete ihn somit auch nicht als Familienmitglied. Während Hansmann noch in Gedanken versunken war, erschien Frau von Blankenhorn an der Tür. Sogleich teilte sie ihm mit, dass ihr der Täter bekannt sei. Ihrer Meinung nach konnte es nur der Monteur gewesen sein, denn er hatte vor einiger Zeit die Zahlenkombination des Safes neu eingestellt. Als Hansmann die Villa verließ, schoss ihm ein Gedanke durch den Kopf. Er drehte sich auf dem Absatz um, damit er den Nachbarn noch Fragen stellen konnte. Da die Antworten immer gleich ausfielen, wusste Hansmann, dass der Monteur als Täter nicht in Frage kam. Wer war aber dann der Täter?

2 Verbinde folgende Sätze zu Satzgefügen und schreibe sie auf.

Wer aber war der Täter?

obwohl er die Zahlenkombination kannte.

Der Monteur konnte nicht der Täter gewesen sein,

da die Antwort der Nachbarn immer gleich ausfiel.

Die Nachbarn sagten aus,

dass in der Nacht kein Hund gebellt hatte.

Hansmann vermutete einen anderen Täter,

weil der Hund beim Monteur angeschlagen hätte.

Als Täter kommt nur der Sohn infrage,

Das Komma bei Satzreihen und Satzgefügen

Wissen und Können

Satzreihe

Bei einer **Satzreihe** handelt es sich um eine Aneinanderreihung von gleichartigen Sätzen durch **Konjunktionen** (*und, denn, oder, doch, aber, sondern*). Bei den Satzgefügen werden Haupt- und Nebensatz, bei den Satzreihen die einzelnen Hauptsätze durch **Komma** getrennt.

1 Unterstreiche die Hauptsätze (V2) mit einer geraden und die Nebensätze (VL) mit einer gewellten Linie. Umkreise die finiten Verben und setze ihnen Kronen auf. Trenne die Sätze, mit einem Trennstrich voneinander.

2 Markiere die Bindewörter farbig: **Subjunktionen** , **Konjunktionen**. Schreibe anschließend auf, ob es sich um eine Satzreihe oder ein Satzgefüge handelt.

1 Paul trödelt ab und zu I **denn** er geht nicht gern in die Schule.

→ *Satzreihe*

Hauptsatz (V2) Hauptsatz (V2)

2 Paul vergisst oft sein Aufgabenheft I **da** er nicht an die Schule denkt.

→ *Satzgefüge*

Hauptsatz (V2) Nebensatz (VL)

3 Paul bekommt oft Ärger mit seinem Lehrer weil er häufig zu spät kommt.

____

4 Wenn er zu spät kommt bekommt er einen Eintrag im Klassenbuch.

____

5 Das stört Paul überhaupt nicht obwohl er schon Einträge hat.

____

6 Er ist ständig in Gedanken versunken denn er träumt von fernen Welten.

____

7 Damit Paul pünktlich ist soll er eine Stunde früher aufstehen.

____

3 In diesem Text sind die Kommas leider verschwunden. Markiere zunächst die finiten Verben und setze ihnen Kronen auf. Ergänze dann die fehlenden Kommas.

Das verschwundene Komma

Über Nacht war das Komma ganz einfach verschwunden. Für die meisten Menschen wäre dieser Verlust gar nicht so schlimm gewesen da sie ohnehin das Komma für völlig überflüssig hielten sodass sie beim Schreiben das kleine Häkchen ganz einfach vergaßen. Doch für Tine weil sie am nächsten Tag ein Diktat schreiben musste war es schlimm. Als sie nämlich am Abend das Rechtschreibprogramm in ihrem Computer eingeschaltet hatte da sie nochmals die Kommasetzung üben wollte waren diese Übungen ganz einfach weg. Zunächst dachte sie nur dass sie einen Bedienungsfehler gemacht hätte. Da ihre Mutter mit einer Freundin im Kino war konnte sie ihr auch nicht helfen. Also holte Tine ihr Sprachbuch aus ihrer Schultasche. Aber wie erstaunt war sie als sie es aufschlug und in dem ganzen Buch kein Komma fand! Jetzt wurde ihr die Sache doch etwas unheimlich. Sie griff ins Bücherregal und zog ihr Lieblingsbuch heraus. Hastig schlug sie es auf während ihre Augen schon nach den Kommas Ausschau hielten. Doch auch hier sah sie nur Punkte. Kein einziges Komma! Das ging nicht mit rechten Dingen zu. Sie brauchte doch die Kommas weil sie morgen ein Diktat schreiben würde. Während ihr diese Sorgen durch den Kopf gingen sah sie plötzlich lauter Kommas durch ihr Zimmer tanzen. Sie sprang auf sie zu damit sie sie einfangen konnte. Doch immer wenn sie nach einem griff entwischte es ihr. Sie meinte sogar dass die Kommas sie auslachten. Jedenfalls hörte sie überall ein Kichern und Giggeln. Als sie sich gerade wieder auf ein Komma stürzen wollte …

4 Wie findet Tine ihre Kommas wieder? Erfinde einen Schluss mit Satzgefügen.

5 Lass dir zur Übung den Text von deinen Eltern, Geschwistern oder Freunden diktieren oder nimm ihn als Vorlage für ein Laufdiktat.

Wortarten

Verben erkennen

Regel

Die Du-Probe

Verben regieren im Satz wie Könige. Sie bilden das Prädikat und die Satzklammer. Ob es sich bei einem Ausdruck um ein Verb handelt, kann mit der **Du-Probe** ermittelt werden: Bilde mit dem zu testenden Wort einen Du-Satz und prüfe, ob sich eine sinnvolle Aussage ergibt.

1 Prüfe mithilfe der Du-Probe, ob es sich bei den Wörtern im Korb um Verben handelt. Setze sie in die Testsätze ein. Wenn sich kein sinnvoller Satz ergibt, markiere ihn durch ein Sternchen.

Testsatz	Verb (Infinitiv)	Kein Verb
Du *drückst* den Topo.	*drücken*	
*Du ______ den Topo.		*unter*
Du ______ den Topo.		
Du ______ den Topo.		
Du ______ den Topo.		
Du ______ den Topo.		
Du ______ den Topo.		
Du ______ den Topo.		
Du ______ den Topo.		
Du ______ den Topo.		

2 Markiere im folgenden Text die Verben und erkläre, wie sie gebildet werden.

Postest du noch oder chattest du schon?
Nach dem Aufstehen showere ich und zahnweiße dann.
Beim Frühstück esspressoe ich und nussnougate schnell …

3 Erfinde weitere drei Sätze mit solchen neu gebildeten Verben.

Verben konjugieren

Regel

Verben konjugieren

Verben werden im Satz **flektiert** (konjugiert). Sie sind durch **Person** und **Numerus** bestimmt: 1. Person/Singular (*ich gehe*), 2. Person/Singular (*du gehst*), 3. Person/Singular (*er/sie/es geht*), 1. Person/Plural (*wir gehen*), 2. Person/Plural (*ihr geht*), 3. Person/Plural (*sie gehen*).

1 Ergänze die fehlenden Sätze.

Smileys

Du bittest um Ruhe.

Wir fühlen uns gut.

Er/sie/es kann das nicht.

Ihr lehnt es ab.

Ich darf mitkommen.

Sie wissen es nicht.

Starke und schwache Verben

Wissen und Können

Starke und schwache Verben

Um die Zeitformen bilden zu können, muss man die **Stammformen** eines Verbs kennen: Infinitiv (*gehen*), Präteritum (*ging*), Partizip II (*gegangen*). **Starke Verben** verändern ihren **Stammvokal** (*singen – sang – gesungen*). Bei **schwachen Verben** verändert sich der Stammvokal nicht. Sie bilden das Präteritum, indem zwischen Verbstamm und Personalendung ein **t** eingefügt wird (*lach-en – lach-t-e*); das Partizip II wird mit der Vorsilbe ge- und der Endung **t** gebildet (*gelach-**t***).

Verben messen ihre Kräfte

1 Hilf den beiden Topologis beim Kräftemessen! Trage die Stammformen der Verben in die Sprechblasen ein.

2 Welcher T-Rex hat die meisten starken Verben gefunden? Ergänze das Ergebnis in den Zählern.

Die Tempusformen in der Feldertabelle untersuchen

Regel

Die Zeitstufen

Vergangenes			Gegenwärtiges	Zukünftiges
Plusquamperfekt (Präteritumperfekt)	Präteritum	Perfekt (Präsensperfekt)	Präsens	Futur I (und II)
er *war gegangen*	er *ging*	er *ist gegangen*	er *geht*	er *wird gehen* (er *wird gegangen sein*)

Topologi-Steckbriefe

T-Weise hatte viele Forschungsprojekte geleitet.
T-Rex regierte am liebsten seine Untertanen.
T-M hat schon viele Reisen unternommen.
T-Saster amüsiert sich am liebsten auf Partys.
T-Z wird eines Tages groß herauskommen.

1 Trage die Sätze der Steckbriefe in die Feldertabelle ein.

2 Erkläre, wie die Zeiten gebildet werden. Untersuche dazu die Satzklammer und notiere darüber die benötigten Verbformen wie im Beispiel.

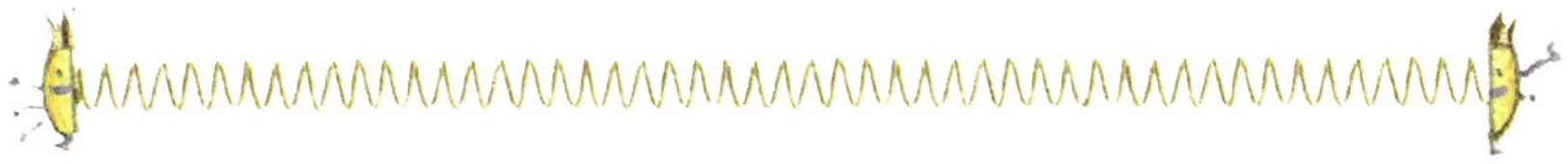

VF	LSK	MF	RSK	Tempusform
	Hilfsverb <u>haben</u> im Präteritum		*Partizip II des Vollverbs*	
T-Weise	*hatte*	*viele Forschungsprojekte*	*...*	
	Vollverb im ...			
T-Rex				
T-M				
T-Saster				
T-Z				

Das Präsens, Perfekt und Präteritum gebrauchen

Regel

Präsens (Präsensperfekt), Perfekt und Präteritum

Das **Präsens** wird benutzt, um Gegenwärtiges und Allgemeingültiges zu beschreiben. Es kann auch Zukünftiges ausdrücken. Wenn jemand mündlich über vergangene Ereignisse erzählt, benutzt er meist das **Perfekt**. In schriftlichen Berichten oder Erzählungen wird in der Regel das **Präteritum** benutzt, um Vergangenes auszudrücken.

!

1 Bestimme die Tempusformen, indem du in die Klammer die richtige Zahl einsetzt: Präsens (1), Perfekt (2), Präteritum (3).

Anja Tuckermann

Suche Oma!

Steffi fühlt sich nachmittags alleine und wünscht sich deshalb eine Oma. Also macht sie sich auf die Suche ...

Am Montag kam (____) die nächste Oma-Kandidatin. „Guten Tag. Ich bin (____) Anna Künemund. Was für ein entzückender junger Mann da vorn im Obstgeschäft. Er hat (____) mir den Weg über den Hof gezeigt." Sie gab (____) erst Mutter die Hand, dann Steffi.

Anna Künemund war (____) groß und trug (____) ein dunkelgrünes Kostüm aus glänzendem Stoff, in der Hand einen Strohhut mit grünem Band. [...] Die Haare lagen (____) in dunkelblonden Wellen um ihren Kopf. Durch ihre große, geschwungene Brille sah (____) sie auf die Uhr. „Pünktlichkeit ist (____) die Tugend der Könige." [...] „Du hast (____) also ganz allein die Anzeige in der Zeitung aufgegeben?" Steffi nickte (____). Und lächelte (____). Sie war (____) stolz auf sich. „War (____) es denn auch deine Idee?" „Ja." „Sie hat (____) mir nicht mal davon erzählt", sagte (____) Mutter. [...]

Steffi setzte (____) sich gerade hin. „Und sag (____) mal – du wolltest (____) eine Oma?", fragte (____) Anna Künemund. „Aber hast (____) du denn keine Freundin? Ein Mädchen in deinem Alter hat (____) doch Freundinnen." „Ich habe (____) auch welche."

„Warum triffst (____) du dich nicht lieber mit ihnen?" „Die können (____) mir nach der Schule kein Essen kochen." „Ehrlich bist (____) du ja." „Außerdem haben (____) sie nachmittags keine Zeit." „Finde (____) ich nicht gut – wenn Kinder jeden Tag verplant sind. Ziemlich langweilig. Kinder müssen (____) spielen. Außerdem – wann macht (____) ihr denn mal was heimlich?" Steffi lachte (____) Ihr Blick traf (____) sich mit dem ihrer Mutter.

2 Erkläre den Gebrauch der einzelnen Tempusformen im Text.

Das Präteritum und Plusquamperfekt gebrauchen

Regel

Das Plusquamperfekt (Präteritumperfekt) – „Vorvergangenheit“

Das **Plusquamperfekt** (Präteritumperfekt) ist eine zusammengesetzte Form, die mit der Personalform der Hilfsverben ***sein*** oder ***haben*** im **Präteritum + Partizip II** des Vollverbs gebildet wird. Es wird benutzt, wenn von zwei Ereignissen in der Vergangenheit eines (*sie war von Ort zu Ort gezogen*) noch weiter zurück liegt als das andere (*sie ließ sich nieder*).

!

1 Der Textausschnitt ist der Anfang des Jugendbuchs *Die Kinder vom Achten Wald*. In dem Text kommen die Tempusformen Präteritum (1) und Plusquamperfekt (2) vor. Bestimme die Tempusformen, indem du in die Klammern die passenden Zahlen einträgst.

Els Pelgrom

Die Schlittenfahrt

Es hatte tagelang geschneit (__2__) und nun gab (____) es harten Frost. Die Äste der Fichten senkten (____) sich unter der Schneelast, die sie zu tragen hatten (____), tief zu Boden. Auf den kleinen Äckern zwischen den Waldstücken lag (____) der Schnee wie auf einem zugefrorenen See. Das Winterkorn schlief (____) in den Rillen, die im Herbst zuvor die Egge in den Boden gezogen hatte (____). Evert Everingen und Noortje van der Hoek hatten den Schlitten über den Zaun der Kälberweide gehoben (____). Jenseits des Zauns führte (____) ein schmaler Weg durch den Wald den Hügelhang hinab. „Halt dich fest! Ab geht's!“, sagte Evert und schon sausten (____) sie abwärts. Der Schnee stob (____) auf und flog (____) ihnen pulvrig um die Ohren. Noortje hielt (____) den Atem an, die Backen brannten (____) ihr. Sie hatte die Arme fest um Evert geschlungen (____). Er war (____) ein gutes Jahr älter als sie, aber kaum größer, sodass sie ihm über die Schulter gucken konnte (____). Evert lenkte (____) den Schlitten mit den Füßen. Regengüsse hatten den lehmigen Pfad ausgespült (____), sodass die Kanten zu beiden Seiten steil hochragten (____). Hin und wieder stemmte (____) auch Noortje einen ihrer Holzschuhe auf den Boden, um Evert beim Lenken zu unterstützen.

Das Futur gebrauchen

Regel

Futur I

Das **Futur I** verwendet man für **Zukünftiges**. Zukünftiges Geschehen kann aber auch mit dem **Präsens** angezeigt werden. Meistens enthält der Satz dann eine Zeitangabe.

Wochenplanung

Max betrachtet die Termine der nächsten Woche:

Montag	Dienstag	Mittwoch	Donnerstag	Freitag	Samstag	Sonntag
14:00 Saxofon	18:00 Karate mit Jannis und Luisa	17:30 Hockey	15:30 Geburtstag der kleinen Schwester Pia, Oma und Opa kommen	17:30 Hockey	14:00 alle treffen sich zum Hockeyturnier	Ab 10:00 Pfadfinder-Radausflug

1 Schreibe in deinem Heft auf, was Max nächste Woche machen wird. Benutze das Futur I.

Montag: *Max wird …*

Dienstag: *Max, Jannis und Luisa …*

2 Setze in die Lücken das Futur I oder das Präsens ein. Manchmal sind beide Tempusformen möglich.

Morgen ____hat____ (haben) Pia Geburtstag __________. Sie __________ (feiern) mit ihren Freunden __________ und ist sehr gespannt, was sie ihr __________ (mitbringen). Pia __________ (sich überraschen lassen) einfach __________. Ihre Eltern __________ (schenken) ein Fahrrad __________. Für die morgige Feier __________ (backen) Pias Mutter noch einen Geburtstagskuchen __________. Sie __________ (spielen) Stoppessen __________.

Den Imperativ gebrauchen

Wissen und Können

Der Imperativ

Die Befehlsform des Verbs nennt man **Imperativ**. Der Imperativ wird verwendet, wenn jemand zu einer Handlung aufgefordert werden soll. Der **Imperativ Singular** wird aus dem Stamm des Verbs gebildet (*bringen* → *bring!*), manchmal wird auch ein *-e* angehängt (*reden* → *rede!*).
Bei starken Verben ändert sich oft der Stammvokal von *e* zu *i* (*geben* → *gib!*).
Der **Imperativ Plural** wird gebildet, indem man ein *-t* an den Stamm anfügt (*hören* → *hört!*).

Partyvorbereitungen

1 Ergänze die Sätze mit passenden Imperativformen im Singular und im Plural. Ihr könnt die Verben frei wählen.

T-Saster, ______________________________ !

______________________ *alle* ______________ !

T-Z, ______________ *das Zimmer* ______________ !

______________________ *das Zimmer* ______________ !

T-M, ______________ *nicht die Kekse vorher* ______________ !

______________________ *nicht die Kekse vorher* ______________ !

2 T-Weise erklärt T-M, wie man eine Serviette schön falten kann. Schreibe den Text in Imperativ-Form in dein Heft.

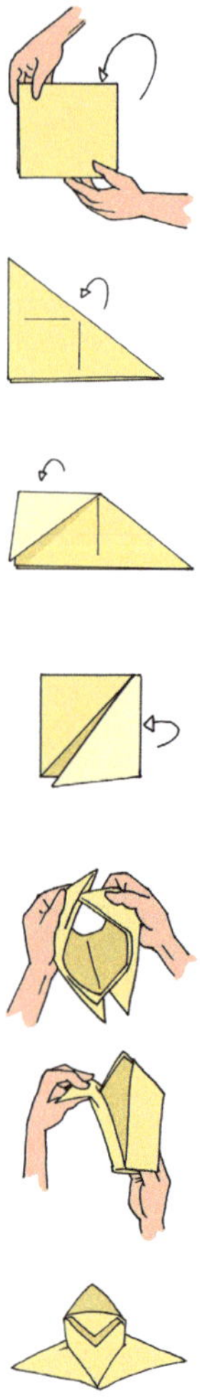

Anleitung zum Serviettenfalten

Man nimmt eine Serviette aus der Verpackung und klappt sie ganz auf. Nun faltet man die Serviette diagonal von links oben nach rechts unten. Im nächsten Schritt wird sie weiter „verkleinert". Die obere Spitze klappt man nach unten. Dann wird auch noch die rechte Ecke eingeklappt. Die Serviette wird einmal herumgedreht (glatte Seite oben) und dann, wie im Bild zu sehen, eingeklappt.
Nun nimmt man sie in die Hand und steckt die Ecken zusammen. Fast fertig! Entweder belässt man die Serviette nun so, wie sie ist, oder man zieht die Ecken nach unten. Wer mag, kann die Spitzen von oben noch nach unten klappen.

Nomen erkennen und unterscheiden

Wissen und Können

Nomen bilden den Kern der Nominalgruppe

Nomen werden **großgeschrieben** und bilden den Kern einer **Nominalgruppe**. Sie stehen am rechten Rand der Nominalgruppe und können z. B. durch Artikel und Adjektive erweitert werden (**Erweiterungsprobe**).

Kuriose Kurznachrichten

1 Ergänze die Kurznachricht mit passenden Nomen aus dem Kasten.

Tausend Euro ▪ Randalierer ▪ Hessen ▪ Fahrzeug ▪ Blitzer ▪ Schaden ▪ Bundesstraße ▪ Verankerung ▪ Bagger

Der ______________ beträgt mehrere ______________:

______________ haben an einer ______________ in

______________ einen ______________ gestohlen – und mit

dem ______________ mehrere ______________ aus der

______________ gerissen.

2 Stelle mithilfe der Feldertabelle fest, ob es sich bei den großgeschriebenen Wörtern um Nomen handelt.

Das SCHLOSS war offen. Das SCHLOSS er aus den Indizien. Das SCHLOSS hakte er anschließend ein. Das SCHLOSS er schließlich ab. Das SCHLOSS klemmte jedoch.

VF	LSK	MF	RSK
Das Schloss	*war*	…	

Nomen deklinieren

Wissen und Können

Nomen deklinieren

Nomen sind veränderbar, damit ihre Rolle im Satz deutlich wird. Bei der Deklination sind drei Größen beteiligt: **Numerus** (Zahl), **Genus** (Geschlecht) und **Kasus** (Fall). Das Nomen kann sowohl im **Singular** (Sg., Einzahl) als auch im **Plural** (Pl., Mehrzahl) stehen. Jedes Nomen hat ein grammatisches Geschlecht: **Maskulinum** (m, männlich), **Femininum** (f, weiblich), **Neutrum** (n, sächlich). Im Deutschen gibt es vier Kasus: **Nominativ** (Wörterbuchfall), **Dativ, Akkusativ** und **Genitiv.**

1 Füge die Nomen aus dem Kasten in die Lücken ein. Bestimme in den Klammern Kasus (N, D, A, G), Genus (m, f, n) und Numerus (Sg., Pl.).

die Flügelspannweite ▪ Sandregenpfeifer ▪ ein Brustband ▪ die Beute ▪ die mittellangen Beine ▪ die Brutreviere ▪ dem Vogel ▪ die Tiere ▪ eines Sandregenpfeifers ▪ dem Winter ▪ das Nest ▪ Vogelmännchen ▪ Vogelweibchen ▪ der Sandregenpfeifer

Sandregenpfeifer

Sandregenpfeifer (N, m, Pl.) leben in den Küstengebieten Mittel- und Nordeuropas. Sie beziehen ab Mitte März ____________________ (__________) auf freien Kies- oder Sandflächen. ____________________ (__________) ist eine Mulde am Boden, die vom Weibchen gescharrt wird und in die es vier Eier legt. ____________________ (__________) und ____________________ (__________) wärmen 23 bis 25 Tage die Eier, bis die Küken schlüpfen. Die Größe ____________________ (__________) beträgt zwischen 18 und 20 cm. ____________________ (__________) umfasst 40 bis 55 cm. ____________________ (__________) haben einen graubraunen Rücken und eine weiß gefärbte Unterseite. ____________________ (__________) sind gelblich. Er hat ____________________ (__________), welches schwarz ist. Der kurze Schnabel dient ____________________ (__________) dazu, Würmer, Schnecken, Insekten und Krebstiere aufzupicken. Um ____________________ (__________) an die Oberfläche zu locken, tritt der Vogel in rascher Folge auf der Stelle. ____________________ (__________) kann bis elf Jahre alt werden. Die Vögel entfliehen ____________________ (__________), indem sie in den Mittelmeerraum ziehen.

Adjektive deklinieren

Wissen und Können

Adjektive deklinieren

Adjektive nennt man Eigenschaftswörter. Sie stehen typischerweise in der Nominalgruppe als Attribut vor einem Nomen und werden **dekliniert**:
Auf dem hohen Baum saß ein bunter Vogel.

1 Füge die passenden Adjektive aus dem Kasten in die Lücken ein. Dekliniere sie richtig.

Dumme Verbrecher

① Ein besonders ___vergesslicher___ Räuber wollte einen Lebensmittelladen in einer ____________ Kleinstadt überfallen. Mit ____________ Worten rief er: „Her mit der Kasse oder ich schieße." Der ____________ Ladenbesitzer fragte ihn daraufhin, wo er denn seinen ____________ Revolver habe. Da verließ der ____________ Räuber fluchtartig den Laden: Er hatte den Revolver nämlich zu Hause vergessen.

② Ein ____________ Mann versuchte, nachts in ein ____________ Juweliergeschäft in der Nähe des Berliner Zoos einzubrechen. Um an der ____________ Rückseite des Ladens einsteigen zu können, versuchte er, über die mit einem Maschendraht ____________ Krokodilhalle zu balancieren. Bei diesem ____________ Versuch rutschte er allerdings ab. Er konnte sich nur noch an einem ____________ Baum festhalten. Unter ihm fletschten die ____________ Krokodile bereits die Zähne. Der ____________ Juwelendieb musste warten, bis ihn Feuerwehr und Polizei am nächsten Morgen retteten.

exklusiv ▪ kühn ▪ gesichert ▪ hoch ▪ geladen ▪ vergesslich ▪ englisch ▪ scharf ▪ mutig ▪ ängstlich verdutzt ▪ uneinsehbar ▪ klein ▪ hungrig ▪ berühmt ▪ ungeschickt

Adjektive steigern

Wissen und Können

Adjektive steigern

Die meisten Adjektive können gesteigert werden. Die **Steigerungsformen** der Adjektive nennt man **Positiv** (Grundform), **Komparativ** (Höherstufe/ Vergleichsstufe) und **Superlativ** (Höchststufe).

1 Spielt zu zweit. Ihr braucht zwei Spielsteine. Zieht abwechselnd mit euren Steinen an den vorgegebenen Linien entlang. Der erste Mitspieler beginnt bei A, der zweite bei B. Bei jedem Pfeil müsst ihr die passende Adjektivform nennen. Habt ihr die Form des Adjektivs richtig genannt, dürft ihr bis zum nächsten markierten Feld weiterziehen, wenn nicht, müsst ihr stehen bleiben. Wer zuerst am Ziel ist, hat gewonnen. Ihr könnt das Spiel erweitern, indem ihr am Ende einer Runde neue Adjektive in die Felder schreibt.

Adjektiv-Wettrennen

Positiv	Komparativ	Superlativ
eklig	(A)	
(B)		am herrlichsten
unmöglich		
	ungestörter	
		am blödesten
	mehr	
gut		
		am tollsten
	hübscher	
hungrig		
		am köstlichsten
(Ende)	geheimnisvoller	**(Ende)**

Vergleiche bilden und das Nachfeld nutzen

Wissen und Können

Die Feldertabelle: Das Nachfeld

Im Deutschen gibt es auch die Möglichkeit, Satzglieder hinter die rechte Satzklammer in das **Nachfeld** (NF) zu schieben. Häufig bleibt jedoch das Nachfeld leer. Die Satzfeldertabelle ist damit vollständig.

1 Trage die Sätze von T-Saster und T-Rex in die Feldertabelle ein.

Ungerechter Großputz?

Einmal in der Woche wird in der Satzwerkstatt Großputz veranstaltet. Allerdings fühlt sich T-Saster ungerecht behandelt. T-Saster beschwert sich:
„Ich habe schon wieder viel mehr einräumen müssen als T-S. Der muss immer viel weniger rumschleppen als ich. Außerdem ist T-G kürzer in der Werkstatt gewesen als ich. Deshalb hat er weniger geputzt als ich. Er darf sogar viel öfter schaukeln als der kleine T-Saster."
T-Rex antwortet ihm:
„T-S hat genauso viel geholfen wie du. Er hat mindestens so schwer getragen wie du. T-G kann einfach zügiger arbeiten als du. Er wird deshalb oft früher fertig sein als du."

VF	LSK	MF	RSK	NF
Ich	*habe*	*schon wieder viel mehr*	*einräumen müssen*	...
T-S	*hat*	*genauso ...*		

2 In den Sätzen werden unterschiedliche Vergleichswörter verwendet.
Erkläre, wann *als* und wann *wie* verwendet wird.

Personalpronomen erkennen und ersetzen

Wissen und Können

Personalpronomen

Das **Personalpronomen** nennt man auch persönliches Fürwort: *ich, du, er/sie/es, wir, ihr, sie*. Es tritt als Stellvertreter für ein Nomen auf. Darüber hinaus bezeichnet es Rollen im Gespräch. Es zeigt an, wer spricht (*ich, wir*), wer angesprochen wird (*du, ihr*) und über welche Personen gesprochen wird (*er/sie/es* und im Plural *sie*).

Erfolgreiche Flucht?

Er kaufte ihn und ritt auf ihm fort. Ihn verfolgte sie. Doch es kam ihm nicht näher. Schließlich stieg er von ihm ab und konnte entkommen.

1 Wer verfolgt hier wen? Mache die Geschichte verständlich, indem du die Nominalgruppen aus dem Kasten einsetzt.

den Jungen ▪ die Polizei ▪ dem rosa Elefanten ▪ das Polizeiauto ▪ einen Fahrschein ▪ der Junge ▪ dem Elefanten

2 Schreibe selbst eine Rätselgeschichte in dein Heft. Ersetze alle Nomen durch Personalpronomen.

3 Im folgenden Text sind alle Nomen vorhanden. Warum klingt er trotzdem nicht gut?

Der Kommunikator

Der Kommunikator der Topologis ist ein Sprachautomat. Mit dem Kommunikator können Menschen, die nicht sprechen können, kommunizieren. Damit der Kommunikator richtige Sätze produzieren kann, muss der Kommunikator die Grammatik der deutschen Sprache beherrschen. Die Topologis programmieren den Kommunikator so, dass der Kommunikator unendlich viele Sätze bilden kann.

4 Überarbeite den Text in deinem Heft. Streiche dazu einige Nomen durch und schreibe die passenden Personalpronomen darüber.

Präpositionen unterscheiden

Wissen und Können

Präpositionen

Präpositionen bezeichnen Verhältnisse zwischen Gegenständen, Lebewesen oder Sachverhalten. Sie lassen sich in vier Gruppen unterteilen: **lokal** (Ort), **temporal** (Zeit), **modal** (Art und Weise), **kausal** (Grund).

1 Gehe für Tom und Tina die Strecke nach und trage aus dem Kasten die richtigen Präpositionalgruppen ein. In Klammern steht jeweils, was die Präposition ausdrückt. Wenn du die Gruppen in der richtigen Reihenfolge eingesetzt hast und dann die hervorgehobenen Buchstaben zusammenfügst, erfährst du, was in der Kiste versteckt ist.

Auf Schatzsuche

Start

(2) *auf einem Balken* (lokal) balancieren

(2) ______ (kausal) übermütig ein Lied singen

(3) ______ (temporal) tanzend ein Eis lutschen

(4) ______ (modal) springend

(5) ______ (temporal) gleichzeitig mit beiden Armen winken

(6) ______ (lokal) hüpfen

(7) ______ (kausal) freudig einen Salto machen

(8) ______ (modal) laut schreiend die Kiste erreichen

Ziel

mit viel Geschrei ▪ über den Stuhl ▪ vor lauter Übermut ▪ zur gleichen Zeit ▪ auf einem Balken ▪ aus lauter Freude ▪ mit einem großen Satz ▪ während des Tänzchens

Lösungswort: (1) *L* (2) ___ (3) ___ (4) ___ (5) ___ (6) ___ (7) ___ (8) ___

Präpositionen und der Kasus

Wissen und Können

Präpositionen bilden den Kern von Präpositionalgruppen

Präpositionen bestimmen den **Kasus** des Nomens, vor dem sie stehen, sie bilden also den Kern einer **Präpositionalgruppe**. Manche Präpositionen können zwei Kasus regieren.

1 Setze die Nomen im richtigen Kasus nach den Angaben ein: (A) = Akkusativ, (D) = Dativ, (G) = Genitiv, (AoD) = Akkusativ oder Dativ.

Ein Zahnarztbesuch

Während (G) _einer Geschäftsreise_ (eine Geschäftsreise) fuhr ein Mann wegen (G) ________________ (große Zahnschmerzen) durch (A) ________________ (eine Kleinstadt). Er suchte nach (D) ________________ (ein Zahnarzt). Ein Passant nannte ihm zwei mögliche Ärzte. Der Mann stellte sein Auto neben (AoD) ________________ (das Rathaus) und ging zu (D) ________________ (der erste Zahnarzt). Vor (D) ________________ (lauter Schreck) machte er an (AoD) ________________ (die Tür) sofort kehrt. In (AoD) ________________ (die Praxis) waren zwar viele Patienten, doch ein Blick in (AoD) ________________ (das Wartezimmer) genügte, um zu sehen, dass hier auf (AoD) ________________ (die Hygiene) kein großer Wert gelegt wurde. Auf (AoD) ________________ (der Boden) lagen Zeitschriften und der Zahnarzt hatte so schlechte Zähne, dass er selbst zu (D) ________________ (ein Zahnarzt) müsste. Der Mann fuhr zu (D) ________________ (der andere Arzt). Dort war alles sauber. Auch der Zahnarzt hatte ein strahlend weißes Gebiss. Doch der Mann ließ sich auch hier nicht behandeln. Da es in (D) ________________ (die Stadt) nur zwei Zahnärzte gab, war klar, dass sie sich gegenseitig behandelten. Gegen (A) ________________ (der ordentliche Zahnarzt) sprach sein zahnärztliches Können. Trotz (G) ________________ (mangelnde Hygiene) musste der andere der bessere Zahnarzt sein.

Wortkunde

Wörter mit verschiedener und gleicher Bedeutung

Wissen und Können

Homonyme und Synonyme

Homonyme nennt man Wörter, die **gleich klingen** und **gleich geschrieben** werden, aber eine **unterschiedliche Bedeutung** haben. Ein **Synonym** ist ein Wort, das die **gleiche** oder eine **sehr ähnliche Bedeutung** wie ein anderes Wort hat.

1 Trage das gesuchte Homonym in das Rätsel ein.
Ein Tipp: Die Umlaute ä, ü, ö bleiben im Kreuzworträtsel unverändert.

Kreuzworträtsel

1. a) hinterer Teil des Schuhs
   b) Abschnitt in Texten
2. a) Tanzveranstaltung
   b) Spielgerät
3. a) Landwirt
   b) Schachfigur
4. a) schlechte Eigenschaft
   b) LKW
5. a) kleiner Teppich
   b) Verbindung zwischen Ufern
6. a) Landschaft, z. B. bei Lüneburg
   b) Nicht-Christ
7. a) Sitzgelegenheit
   b) Geldinstitut
8. a) Morgenfeuchtigkeit auf Pflanzen
   b) dickeres Seil
9. a) die Stirn bedeckende Haare
   b) kleines Pferd
10. a) Spiel mit kleinem Ball und Schläger
    b) der Meeresstrom von Mexiko

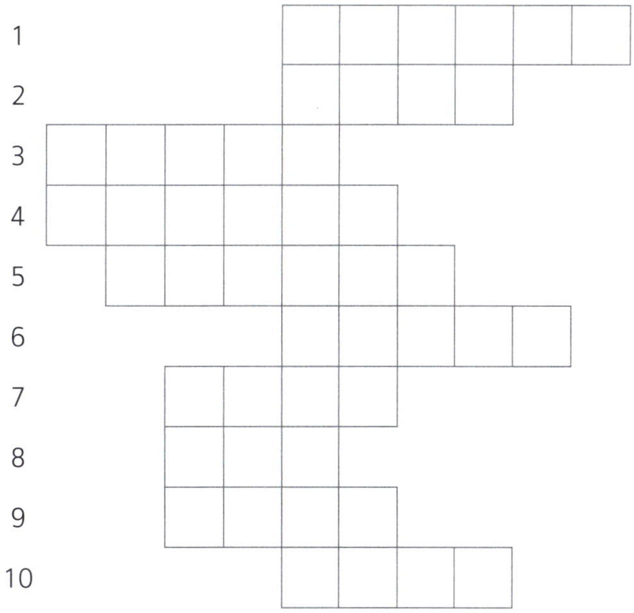

Lösungswort: ______________________

2 Setze den Dialog in deinem Heft fort und verwende möglichst viele verschiedene Synonyme für das Wort „Geld".

Pepe: „Mann, waren wir erfolgreich! Wir haben jede Menge Blüten erbeutet."
Fred: „Wie viel … haben wir denn gemacht?"

Wortfelder bilden und nutzen

Wissen und Können

Wortfeld

Unterschiedliche Wörter können ähnliche oder gemeinsame Bedeutungsmerkmale haben. Sie bilden ein **Wortfeld**. Es lässt sich meist ein **Oberbegriff** zu den Wortfeldern finden.

1 Finde den Oberbegriff zu diesem Wortfeld und trage ihn in das blaue Feld in der Mitte ein. Schreibe weitere Wörter in die leeren Felder.

erzählen
hinzufügen
darstellen
ausdrücken
bemerken
fragen
beschreiben
äußern
berichten
____
erwidern
schwätzen
erklären
reden
zu verstehen geben

2 Ersetze die Formen des Verbs *sagen* durch ein passendes Verb aus dem Wortfeld und schreibe es richtig konjugiert in die Lücken.

Vor Gericht

„Was können Sie uns zum Hergang des Unfalls _______________, Herr Zeuge?“, _______________ der Richter und _______________ außerdem: „_______________ Sie möglichst genau, wie es zum Zusammenprall gekommen ist.“ „Ich kann zum Unfallhergang kaum etwas _______________“, _______________ der Zeuge und _______________ weiter: „Ich _______________ ausdrücklich, dass ich mich erst zum Unfallgeschehen umgedreht habe, als es gekracht hat.“ „Dann _______________ Sie dem Gericht ganz genau, was Sie in diesem Augenblick gesehen haben!“, _______________ der Richter.

Wortfamilien bilden

Wissen und Können

Wortfamilie

Wörter mit dem gleichen Wortstamm sind sprachlich verwandt und werden deshalb **Wortfamilie** genannt. Die Wörter einer Wortfamilie können gebildet werden durch ...

- eine **Vorsilbe** (Präfix) z. B. finden, **er**finden, **be**finden
- eine **Nachsilbe** (Suffix) z. B. brauchen, brauch**bar**, Brauch**tum**
- **Zusammensetzungen** z. B. bilden, **Bild**hauer, Spiegel**bild**.

1 In dem Text kommt eine Reihe von Wörtern vor, die zu einer Wortfamilie gehören. Unterstreiche alle Wörter, die Mitglieder dieser Familie sind.

Gefährliche Überfahrt

Der Führer unserer Fähre war an diesem Tag ziemlich fahrig, da er sich in Gedanken mit dem Autounfall des Vortags beschäftigte. Recht fahrlässig fuhr er das Gefährt zu schnell an den Bootsanleger, sodass die gesamte Fuhre etwas verrutschte und mein Gefährte sogar über Bord fiel. Da er gut schwimmen konnte, bestand keine direkte Gefahr, aber wir sind nie wieder mit diesem Fährmann gefahren.

2 Benenne den Wortstamm dieser Wortfamilie.

____

3 Suche zum Wortstamm *lenk* und *sing* Familienmitglieder. Du kannst auch im Wörterbuch nachschlagen.

lenk: ______________________________

sing: ______________________________

4 Verfasse zwei lustige Sätze, in denen du möglichst viele Wörter der Wortfamilien *lenk* und *sing* unterbringst.

____

____

____

____

Wörter zusammensetzen

Wissen und Können

Komposita

Komposita (Sg.: *Kompositum*) nennt man **Wortzusammensetzungen**. Sie bestehen aus einem **Grundwort** und einem **Bestimmungswort**. Das vorangehende Bestimmungswort bestimmt das Grundwort (letzter Teil der Zusammensetzung) näher, z. B.: *Fahrkarte* (*Fahr* = Bestimmungswort; *Karte* = Grundwort). Hier hilft dir die Konstantschreibung, d. h., der Teil des Wortes, der die Bedeutung trägt, wird immer gleich geschrieben.

1 Bilde eine möglichst lange Wörterschlange, indem du jeweils das Grundwort des letzten Kompositums als Bestimmungswort für das nächste Kompositum verwendest.

Wörterschlange

Schifffahrt – Fahrtwind

Autobahn

Geschickt kombiniert

2 Kombiniere die Präfixe mit den Wortstämmen und die Wortstämme mit den Suffixen. Du kannst auch ein Präfix und ein Suffix für denselben Wortstamm gleichzeitig verwenden.

Präfixe	Wortstämme	Suffixe
un-	-geh-	-haft
be-	-bring-	-lich
ver-	-füg-	-bar
an-	-sauber-	-sam
zer-	-reich-	-ig
ab-	-fahr-	-ung
auf-	-spiel-	-keit
er-	-dauer-	-tum
über-	-zerr-	

3 Lege in deinem Heft eine Tabelle an und trage die gebildeten Wörter nach ihrer Wortart geordnet ein.

Rechtschreibung

Silben schwingen – Silbieren

Wissen und Können

Silben schwingen – Silbieren

Die Wörter werden durch **langsames und deutliches Sprechen in Silben zerlegt**, so hörst du, wie man sie schreibt und wie man sie am Zeilenende trennt. Mache zwischen den Sprechsilben eine Pause.

1 Setze die Schwungbögen unter alle Wörter des Gedichts. Bei einigen Wörtern sind die Silbentrennung und das Schwingen nicht identisch.

Gerda Anger-Schmidt (1943 – 2017)

Drei gefährliche Piraten

Drei gefährliche Piraten

traten auf als Akrobaten
– seidnes Wams und Pluderhosen,
tätowiert mit blauen Rosen –,

zeigten ihre Flammenkünste,
schluckten ganze Feuersbrünste,
gurgelten mit Spiritus,
warfen eine Muskatnuss

einem Stein gleich in die Luft,
nieder schwebte Blütenduft
und ein goldengelber Falter
mit Frack, Zylinder und
Sockenhalter.

Sie zogen aus ihren Taschen
etwas später drei bauchige Flaschen.
Die erste hielt Wasser vom Ozean,
die zweite einen wilden Orkan,

die dritte einen schwimmenden Schrank
mit einer alten Ofenbank
und einer schlafenden Katze
mit einem Fisch in der Tatze.

Es kroch aus der Flasche der Orkan
und stürzte sich wild auf den Ozean.
Er peitschte ihn, wie es die Regel.
Da krümmt ein Pirat sich zum Segel,

der zweite plustert sich auf zum Schiff,
der dritte wird zum Korallenriff.
Dann winken und lachen sie zu uns her
und segeln hinaus aufs hohe Meer.

Zur Erinnerung an die Piraten
und ihre Wundertaten
bleibt uns der Schrank,
die Ofenbank
und jene schlafende Katze
mit ihrem Fisch in der Tatze.

Ahoi!

2 Markiere die Wörter farbig, bei denen Silbentrennung und Silbenschwingen nicht identisch sind, und notiere sie im Heft mit Trennstrichen.

Regel

Wörter mit kurzen Vokalen (Schärfung)

Nach **kurzem Vokal** wird **k** zu **ck**, **z** zu **tz** (*ba-cken, We-cker, schü-tzen, bli-tzen*). Achtung! Bei **Wörtern aus anderen Sprachen** wird **k** zu **kk** (*Akku*) bzw. **z** zu **zz** (*Pizza*).

!

3 Finde alle Fremdwörter mit *kk* oder *zz* und markiere sie.

S	M	E	Z	Z	O	S	O	P	R	A	N	S	U	O	J	B	K	G
A	A	T	G	Z	U	T	A	I	R	E	R	M	A	L	O	K	M	P
K	E	M	A	K	K	A	R	O	N	I	A	S	J	A	Z	Z	E	M
K	M	U	K	U	T	P	E	L	U	S	Z	F	V	O	I	L	K	U
O	O	G	K	S	K	I	Z	Z	E	L	Z	C	U	N	E	W	K	K
T	K	S	U	I	E	M	L	F	P	E	I	O	T	L	W	G	A	S
G	K	L	W	N	J	B	K	M	Z	E	A	W	N	S	A	M	Z	U
V	A	M	A	R	O	K	K	O	P	I	Z	Z	I	C	A	T	O	S

Das Festmahl

4 Setze in die Lücken des folgenden Textes ***z, tz, zz, k, kk*** oder ***ck*** ein und zeichne anschließend die Silbenbögen unter die Lückenwörter.

Ein mächtiger italienischer König hatte alle seine Berater zu einem Festmahl eingeladen. Sie sollten an einem langen Tisch si tz en. Als Hauptspeise gab es selbstverständlich keine Pi___a, sondern einen gut gesal___enen Braten und Schin___en. Ein Musiker spielte auf einem A___ordeon, damit die Gäste tan___en konnten. Vor Begeisterung wollte auch der König mitmachen, zog sein Sa___o aus und ging in die Ho___e. Doch in diesem Moment kam ein Da___el, der die Hofka___e jagte, in den Saal gerannt und berührte den Herrscher mit seiner Pfote. Er begann zu wan___en und sa___te zu Boden. Ein lautes Mo___en erfüllte den Raum, denn der König schimpfte wie ein Rohrspa___. Die Gäste allerdings ha___ten noch wochenlang auf ihm herum und machten Wi___e über sein Missgeschick.

Kurze Vokale

Merke

Wörter mit l, m, n, r

Nach **l, m, n, r,** das merke ja, steht **nie tz** und nie **ck**.
Beispiele: *Bank, Imker, schlank Kranz, Arzt, ranzig.*

1 Setze die fehlenden Buchstaben in die Wörter ein.

Pel __	tan __ en	Nel __ e	sich zan __ en	stol __	Len __ er
Ar __ t	Stur __	En __ el	Plan __ e	kur __	flin __
Lan __ e	grun __ en	gan __	ran __ ig	zwan __ ig	Hol __
wür __ ig	Ner __	Fal __ e	den __ en	Win __ el	mel __ en
Schmer __	Ker __ e	Mär __	Wal __ er	Im __ er	

2 Versuche, aus den Wörtern aus Aufgabe 1 eine möglichst lange Schlange zu bilden. Der letzte Buchstabe des vorangegangenen Wortes soll dabei der Anfangsbuchstabe des folgenden sein (z. B.: LENKERANZIG …).

3 Verbinde die folgenden Nomen so, dass passende Zusammensetzungen entstehen.

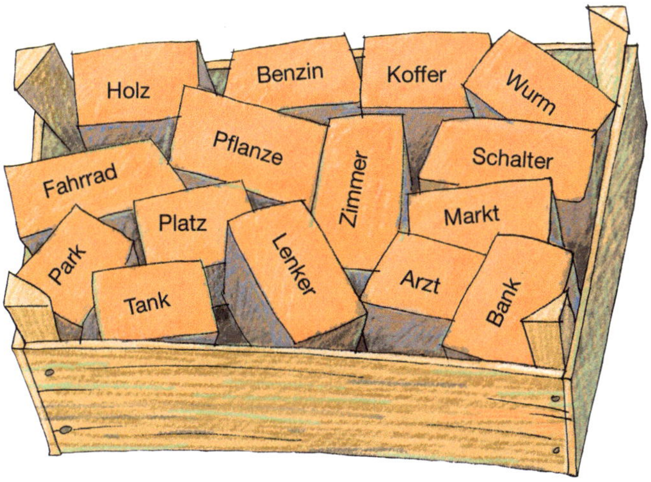

Wörter verlängern

Wissen und Können

Wörter verlängern

Bei Wörtern, deren Schreibung am Wortende unklar ist, hilft es oft, sie zu **verlängern**. Bei **Nomen** bildest du den **Plural** (*der Hel? → die Helden*) und bei **Verben** den **Infinitiv** (*kle?t → kleben*), bei den **Adjektiven** musst du die **Steigerung** vornehmen (*muti? → mutiger*). Auch bei **zusammengesetzten Wörtern**, also bei Wörtern, die aus zwei Wortstämmen gebildet sind, kannst du die Strategie anwenden. Trenne die einzelnen Wortstämme voneinander ab, z. B.: *das Schrei?hef? → schreiben/Heft*.

1 Setze mithilfe der Verlängerungsstrategie den richtigen Buchstaben in die Lücken, z. B. Gel__d__automat → __Gelder__. Notiere in Klammern das Verlängerungswort. Wenn du anschließend die Wörter in alphabetischer Reihenfolge verbindest, ergibt sich ein Bild.

Rätselbild

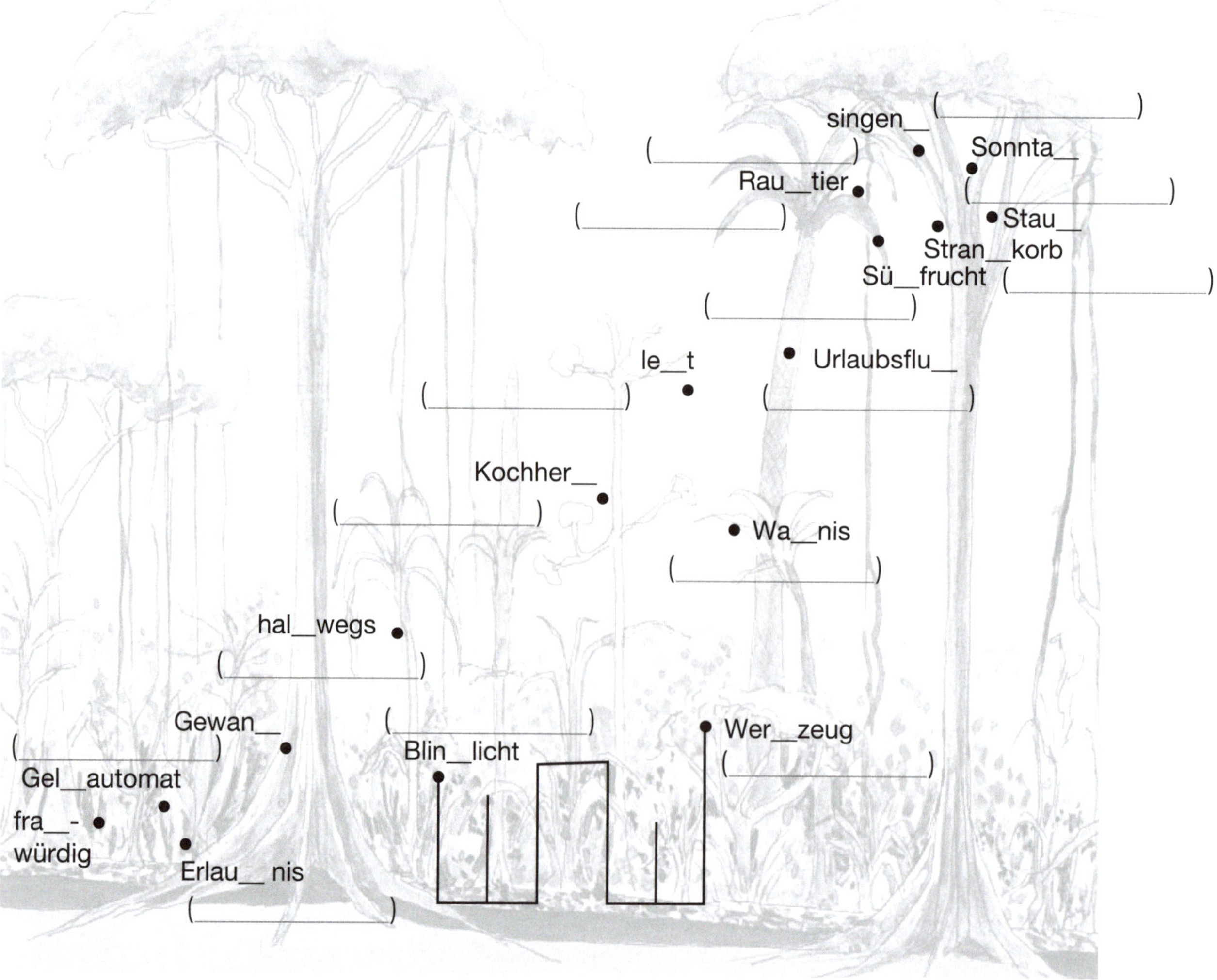

2 Schreibe zu den Wörtern jeweils eine Verlängerung auf. Ergänze dann die fehlenden Buchstaben am Wortende.

der Wal *d*	– die *Wälder*	der Gan__	– die ________
der Schran__	– die ________	der Or__	– die ________
das Lan__	– die ________	der Ta__	– die ________
das Ba__	– die ________	das Ra__	– die ________
das Sie__	– die ________	der Zwer__	– die ________
der Ber__	– die ________	die Ban__	– die ________
der Spu__	– spu____en	die Ja__d	– ja____en

3 Wenn du dir nicht sicher bist, wie die Personalform eines Verbs geschrieben wird, hilft es dir manchmal, wenn du den Infinitiv bildest. Schreibe die fehlenden Ausdrücke in die Tabelle.

Infinitiv	3. Person Singular Präsens
	er, sie, es lobt
leben	
	er, sie, es liebt
lesen	
	er, sie, es hupt
graben	
	er, sie, es rast
hinken	

4 Adjektive kannst du steigern, wenn du heraushören willst, wie sie am Wortende geschrieben werden. Trage die fehlenden Buchstaben ein.

freundli__	– freundlicher	geizi__	– geizi__er
al__	– äl__er	öli__	– öli__er
winzi__	– winzi__er	reichli__	– reichli__er
wei__	– wei__er	run__	– run__er

Wörter ableiten

Wissen und Können

Wörter ableiten

Bei dieser Strategie musst du immer den **Wortstamm** bilden, z. B. *Lesebuch, gelesen* und *er liest* wird vom Wortstamm *lesen* abgeleitet. Am Wortstamm kann man erkennen, wie ein Wort geschrieben wird.

WES-128934-009

1 Immer drei Puzzleteile lassen sich zu einem Quadrat zusammensetzen. Die drei Wörter auf diesen Puzzleteilen haben den gleichen Wortstamm. Male die drei zusammengehörenden Teile jeweils mit einer Farbe aus oder nutze die digitale Vorlage. Unterstreiche den jeweiligen Wortstamm.

Puzzleteile

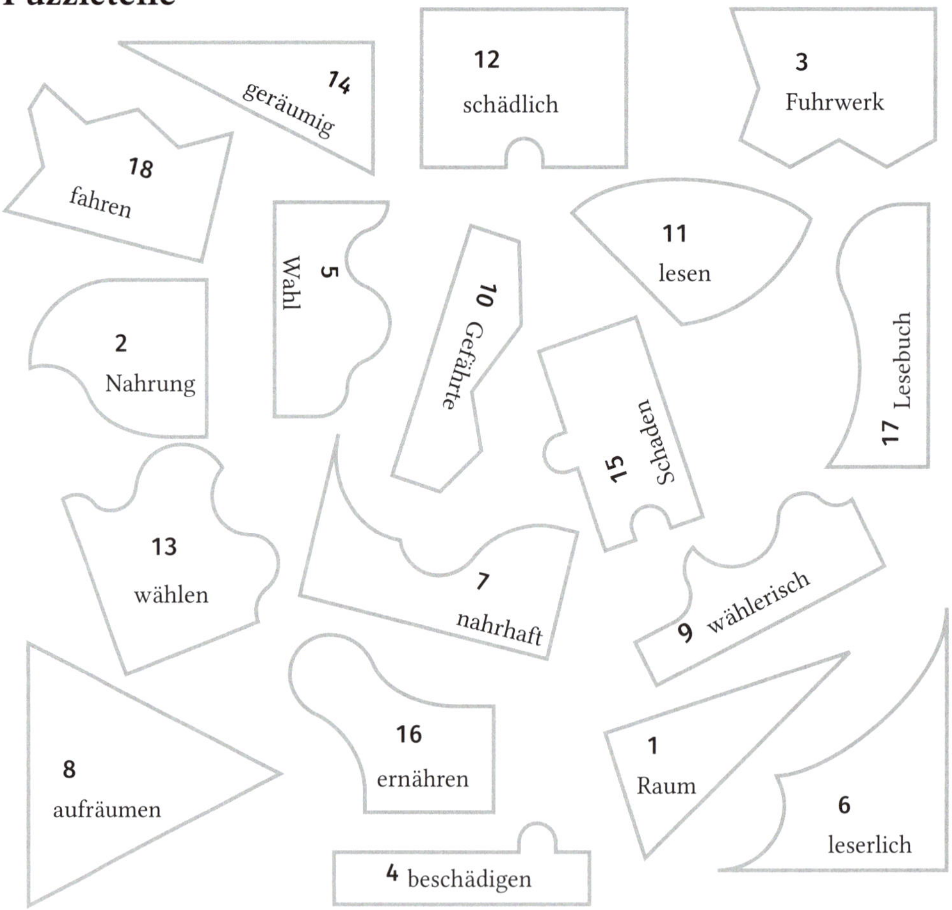

2 Finde zu den sechs Quadraten jeweils noch zwei weitere abgeleitete Wörter.

3 Nenne die Regel zur Schreibung von Wörtern mit *ä* bzw. *äu*.

Die Erweiterungsprobe

Wissen und Können

Die Erweiterungsprobe (Treppentexte bauen)

Die Erweiterungsprobe hilft dir dabei herauszufinden, wann man **Wörter großschreibt**. Da Adjektive typischerweise vor Nomen stehen, führt man die **Erweiterungsprobe mit Adjektiven** durch. Dabei rückt das großzuschreibende Wort, der **nominale Kern, immer weiter nach rechts**.

1 Baue Treppentexte wie im Beispiel und schreibe sie auf. Der Wortspeicher hilft dir, Wortpaare zu finden.

Die Katze
die graue Katze
die graue, flinke Katze
streckt
ihre Tatze aus.

Elefant – Land ▪ Vogelmutter – Futter ▪ Hase – Nase ▪ Hund – Schlund

2 Kreise die Großbuchstaben in den Treppentexten ein und begründe, warum du diese Wörter großgeschrieben hast.

Ungewöhnliche Einblicke beim Wilhelma-Tag

Das große Fest nach den Schulferien: Schon zum 22. Mal startet am kommenden Sonntag der Wilhelma-Tag. Einmal im Jahr dürfen alle Besucher bei abwechslungsreichem Programm hinter die Kulissen des Zoologisch-Botanischen Gartens schauen. Zusätzliche Attraktionen bieten am 20. September Disneys Musical TARZAN, der Wilhelma-Förderverein, die Kinderturnstiftung und die Akademie für Natur- und Umweltschutz. Mitmachen ist gefragt: zum Beispiel beim „Tierpfleger-Eignungstest“, Pflanzentopfen oder Baumklettern.

3 Unterstreiche in den Sätzen alle nominalen Kerne, also alle Wörter, die im Satz großgeschrieben werden.

4 Markiere alle Erweiterungen der nominalen Kerne farbig.

5 Manche nominalen Kerne haben im Text keine Erweiterung. Schreibe sie mit den Erweiterungen Artikelwort und Adjektiv in deinem Heft auf.

Nomen und Nominalgruppen / Nomen mit Nullartikel

Merke

Nominalgruppen

Alle Wörter können den **Kern von Nominalgruppen** bilden und werden dann **großgeschrieben**.

1 Trage die Wörter aus der Schlange in der richtigen Schreibweise in die Tabelle ein. Setze vor die Nomen das passende Artikelwort.

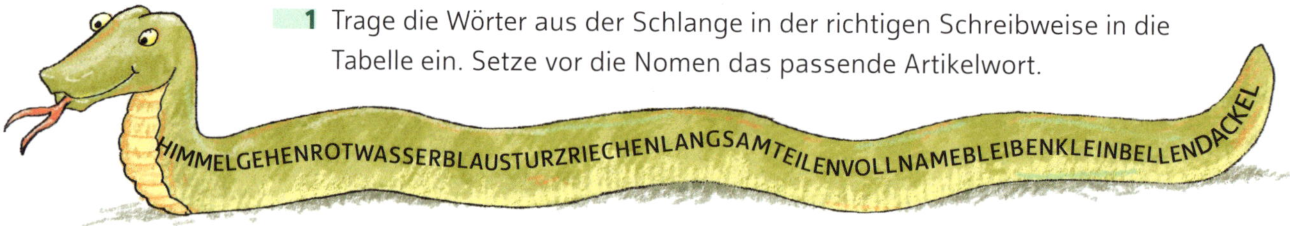

Nomen/Substantive	Verben	Adjektive

2 Schreibe den Text in richtiger Groß- und Kleinschreibung auf und unterstreiche den nominalen Kern. Denke daran, dass nicht nur Nomen großgeschrieben werden, sondern auch Satzanfänge. Das fehlende Wort am Ende kannst du bestimmt ergänzen.

WER IST DER URAHNE DES HUNDES?

BEI KEINEM HAUSTIER FINDEN SICH SO GROßE UNTERSCHIEDE WIE BEIM HUND. AUF INTERNATIONALEN AUSSTELLUNGEN WIRD UNS DIE VIELFALT BESONDERS BEWUSST. SO KÖNNTE MAN AUCH HEUTE NOCH LEICHT AUF DEN GEDANKEN KOMMEN, DASS DIE HUNDE MEHRERE STAMMVÄTER HABEN. FRÜHER WURDEN BEISPIELSWEISE SCHAKALE WEGEN EINIGER KÖRPERLICHER MERKMALE UND IHRES SANDFARBENEN FELLS ALS VORFAHREN DER ORIENTALISCHEN WINDHUNDE BETRACHTET. DIE HERKUNFT EINIGER ANDERER HUNDERASSEN FÜHRTE MAN AUF FUCHS, KOJOTE UND HYÄNE ZURÜCK. ERST IN UNSERER ZEIT KAMEN ZOOLOGEN ZU DER ERKENNTNIS, DASS ES NUR EINEN EINZIGEN URAHNEN DES HUNDES GIBT,

DEN ______________.

Nominalisierung

Regel

Groß- und Kleinschreibung

Verben und **Adjektive**, die **als Nomen** gebraucht werden, schreibt man **groß**. Sie bilden dann den **Kern von Nominalgruppen**. Man spricht dann auch von **Nominalisierung**.
Signalwörter für die Großschreibung können sein: **Artikel** (auch mit **Präposition**), **Adjektive**, **Mengenwörter**, **Possessivpronomen**.

1 Setze die richtige Schreibung der Verben in die Lücken der folgenden Sätze ein. Markiere das Signalwort farbig.

Lustiges aus Schüleraufsätzen

1 Das (ARBEITEN) *Arbeiten* vor dem Frühstück ist ungesund. Wenn man einmal vor dem Frühstück (ARBEITEN) ____________ muss, sollte man vorher etwas (ESSEN) ____________.

2 Die Polizei hilft Tag und Nacht beim (EINBRECHEN) ____________.

3 Wegen schnellen (FAHRENS) ____________ kam das Auto ins (SCHLEUDERN) ____________, überschlug sich und kippte dabei um.

4 Wenn man den Puls fühlt und wenn kein (KLOPFEN) ____________ zu (SPÜREN) ____________ ist, dann muss man (STERBEN) ____________.

5 Häufiges (FÜTTERN) ____________ der Kühe ist nicht nötig, weil sie alles zweimal (FRESSEN) ____________.

2 Um sicherzugehen, dass ein Verb nominalisiert wird, kannst du die Artikelprobe durchführen. Führe die Artikelprobe in den Beispielsätzen durch:

Abgucken ist in Klassenarbeiten verboten. Das Abgucken ist ...

1 Zum (SCHWIMMEN) ____________ benötigt Jan die Erlaubnis seiner Eltern.

2 Da hilft auch kein (JAMMERN) ____________________.

____

3 Wandle die Verben *warten*, *erklimmen* und *schwimmen* Nomen um und bilde mit ihnen einen vollständigen Satz in deinem Heft.

4 Manche Sprichwörter erhalten in bestimmten Situationen einen ganz anderen Sinn. Du findest hier sechs Beispiele dafür. Setze die richtige Schreibung der Adjektive in die Lücken.

Sprichwörter – einmal anders

1 „Das ist das (GELBE) ___Gelbe___ vom Ei", dachte die (UNGESCHICKTE) ____________________ Bäuerin, als sie im Hühnerstall auf etwas ____________________ (WEIßES) trat.

2 „Die (ERSTEN) ____________________ werden die (LETZTEN) ____________________ sein", dachte der Langläufer, als er (MÜDE) ____________________ war.

3 „Ich habe ins (SCHWARZE) ____________________ getroffen", rief der Sportschütze, als er in die (DUNKLE) ____________________ Nacht schoss.

4 „Alles (GUTE) ____________________ kommt von oben", dachte die Maus, bevor sie der Habicht fraß.

5 „Ich komme auf keinen (GRÜNEN) ____________________ Zweig", dachte der Vogel, als er nur die (WEIßE) ____________________ Winterlandschaft sah.

6 „Alles (SCHÖNE) ____________________ ist (VERGÄNGLICH) ____________________", dachte der (TRAURIGE) ____________________ Schüler am Ferienende.

5 Wandle die Adjektive *unbekannt* und *ungewiss* in Nomen um und bilde mit ihnen einen vollständigen Satz.

____

____

____

____

Merkwörter mit stummem *h*

Merke

Wörter mit stummem h

Wörter mit stummem *h* musst du dir **merken**, z. B. mithilfe von einer Wörterkartei oder Eselsbrücken: *O**h**ne angene**h**me Mütze bleibt das O**h**r se**h**r kü**h**l.*

1 Setze die Silben aus der Wörterwerkstatt zusammen, sodass Wörter mit stummem *h* entstehen, und schreibe sie auf die untenstehenden Zeilen. Tipp: Es sind 15 Wörter mit jeweils zwei Silben.

Wörterwerkstatt

Nah	men	ren	rung	re
rüh	ler	heit	Wahr	wäh
Eh	Höh	~~rüh~~	~~men~~	rend
len	le	Feh	Ge	nen
gäh	zäh	Ver	kehr	Rah
ren	leh	fahr	Ge	fühl

rühmen

2 Ergänze die Wörter, die dir schwerfallen, in deiner Merkwörterkartei.

Merkwörter mit Doppelvokalen

Merke

Wörter mit Doppelvokal

Wörter mit **Doppelvokal**, z. B. *Saal, See, Moos*, musst du dir **merken**.

1 Löse das Kreuzworträtsel. Wenn du alle Begriffe gefunden hast, ergibt sich aus den markierten Kästchen das Lösungswort. Es beschreibt, was du bist, wenn du alle vier Rechtschreibstrategien regelmäßig anwendest und damit viele Fehler vermeidest.

Kreuzworträtsel

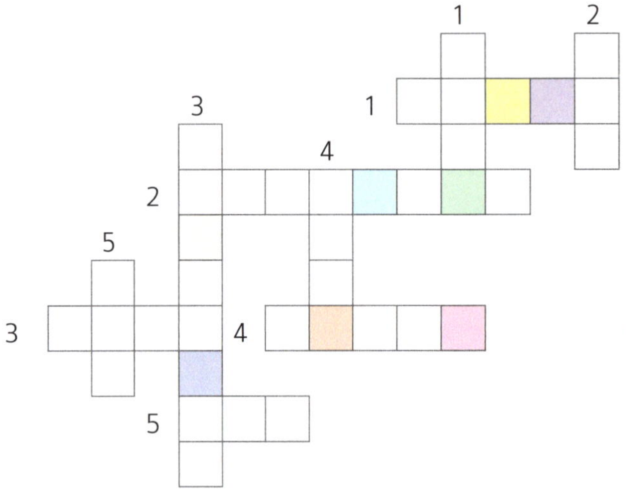

waagerecht:
1.) Gewichtskontrollinstrument
2.) Frucht, die man vor allem im Sommer isst
3.) Bodenbewuchs im Wald
4.) Die Bundesrepublik Deutschland ist ein ...
5.) Fisch

senkrecht:
1.) Zwei zusammengehörige Schuhe sind ein ...
2.) erfüllt Wünsche
3.) Raum für Feiern
4.) Fortbewegungsmittel auf dem Wasser
5.) Ort, in dem viele Tiere leben

Lösungswort:

2 Entschlüssele die spiegelverkehrt geschriebenen Wörter und unterstreiche den Doppelvokal.

Spiegelverkehrt

Erdbeergelee ______________ Meeresrauschen ______________

Zoobesuch ______________ Lorbeerkranz ______________

3 Schreibe die gesuchten Wörter auf. Sie werden alle mit ***ee*** geschrieben.

- vierblättrig soll er Glück bringen: ______________________
- im Winter kann man daraus einen Ball formen ______________
- wichtiger Bestandteil der Straße: ______________________
- aus Kräutern hergestellt hilft er bei fast jeder Krankheit: __________
- sportliches Wurfgerät: ____________________________
- Getränk mit ff, aber darauf kommt es hier nicht an: ____________
- in diesem Zustand gehört die Flasche in den Glascontainer: _______

4 Erfinde ein lustiges Gedicht, in dem einige der gesuchten Wörter als Reimwörter vorkommen. Vergiss nicht die Überschrift.

5 Hier stimmt etwas nicht. Setze die Wörter in dem Kasten so zusammen, dass sinnvolle Ausdrücke entstehen.

____

____

____

____

Moorsuppe ▪ Aalhuhn ▪ Teetiere ▪ Zookanne ▪ Gummischnee ▪ Pulverboot ▪ Tanzbeere ▪ Blausaal ▪ Haarenge ▪ Meerspange ▪ Mooswurf ▪ Speerbett ▪ Personensee ▪ Ungeheuerwaage

6 Setzt die fehlenden Buchstaben ein und diktiert euch anschließend gegenseitig die Sätze.

Im M___r verl___r er seine H___se.

Eine D___se voller L___se fand ich im M___s.

Zunächst tanzte der H___se im S___l, später fr___ß er im G___rten S___l___t.

Zum Geburtst___g wünscht sich Paul ein R___d, eine W___ge,

Blumens___men und eine V___se.

Schn___frauen r___den im F___bruar viel über das Wetter.

Ein Affe aus dem Z___ erwarb im Supermarkt eine T___rte, zwei R___sen und

ein B___t.

Merkwörter mit langem *i*

Merke

Wörter mit langem *i* in Fremdwörtern

Nur bei einigen **Wörtern**, die **aus anderen Sprachen** stammen (z. B. *Maschine*), und einigen Pronomen (z. B. *mir, dir, wir*) schreibt man den *i*-Laut mit **einfachem** *i*. Ansonsten werden Wörter mit langem *i* regelgeleitet mit *ie* geschrieben.

1 Setze den richtigen *i*-Laut in die Wortreihen ein. Die *i*-Laute sind in jeder Reihe auf eine bestimmte Weise angeordnet. Trage in das hintere Kästchen den *i*-Laut ein, mit dem die Wortreihe fortgesetzt werden muss.

Wortreihen

R *ie* se	n *ie* dlich	W *ie* se	Z *ie* r	t *ie* f	b *ie* ten	*ie*
K___no	Z___trone	Kl___ma	B___bel	T___ger	d___r	
Sp___l	S___g	n___sen	schw___rig	v___r	er schr___b	
___m	___n	___r	___ren	___nen	___rerseits	
Zw___bel	Z___l	B___ne	er schr___	Rad___schen	l___b	
L___ga	w___r	Sp___nat	Kan___nchen	Masch___ne	Sk___	
er l___	sie fl___t	er bef___lt	es z___t	er verz___	es gesch___t	
sie schl___f	korrig___ren	Kn___	w___	n___	sch___ßen	
___gel	Krokod___l	Mus___k	Delf___n	Kam___n	K___w___	
v___r	S___gel	s___ben	Beisp___l	S___b	Klav___r	

Der *f*-Laut in verschiedenen Schreibungen

Merke

Wörter mit *f*-Lauten

Wörter mit **gleich und ähnlich klingenden Konsonanten** sind auch Merkwörter. Der *f*-Laut z. B. kann mit ***f*** (Ferien), mit ***v*** (Vater) oder mit ***ph*** (Physik) geschrieben werden. Die Schreibung mit *ph* findet sich vor allem in Fremdwörtern, manchmal ist jedoch auch die Schreibung mit *f* erlaubt (*Saxophon* oder *Saxofon*). Wörter mit *pf* (*Pferd*) klingen ähnlich, wenn das *p* nicht deutlich ausgesprochen wird.
Merke: Wörter und Wortbausteine mit *f*-Laut, die auffallen wollen, werden mit *v* geschrieben: ver-, vor-, voll, Vater, vier, mit Vogel-v bist du am Ziel.

1 Du findest hier vier Buchstabenketten, die jeweils den gleichen *f*-Laut enthalten. Welcher *f*-Laut muss in die leeren Felder eingetragen werden? Male die Felder der Kette, die ein Wort bilden, mit gleicher Farbe aus.

1

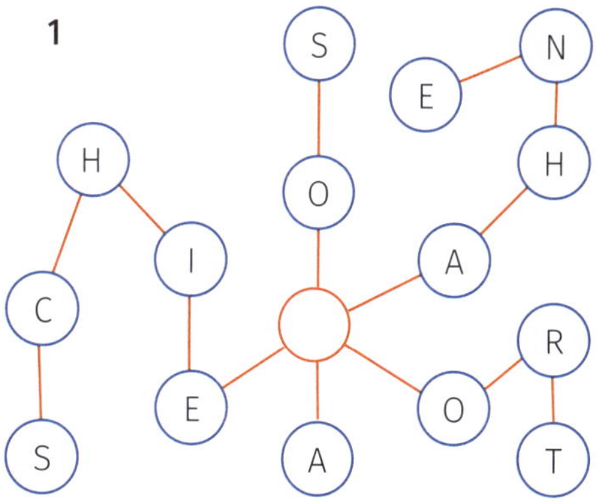

2

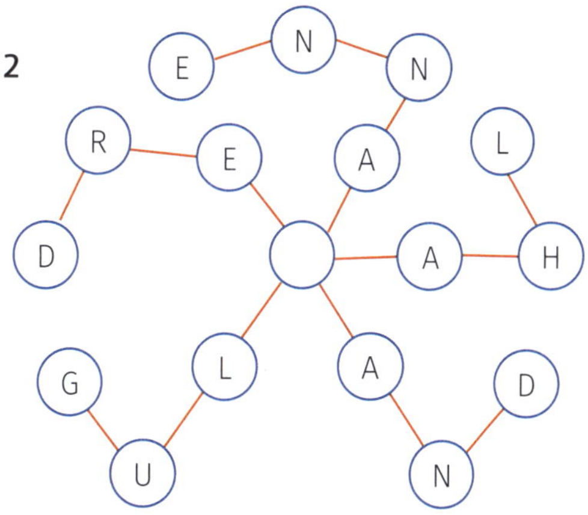

3

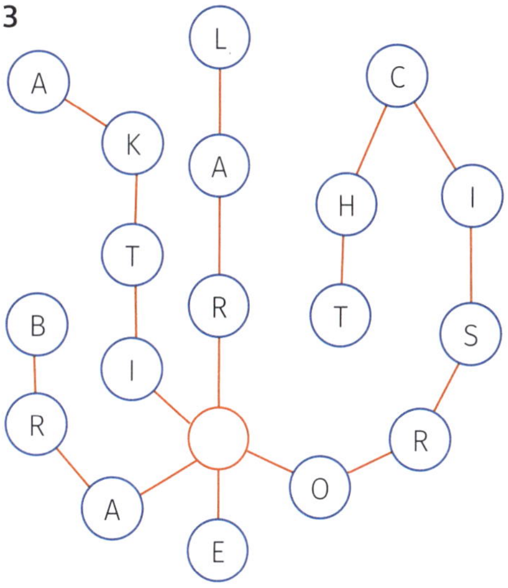

4

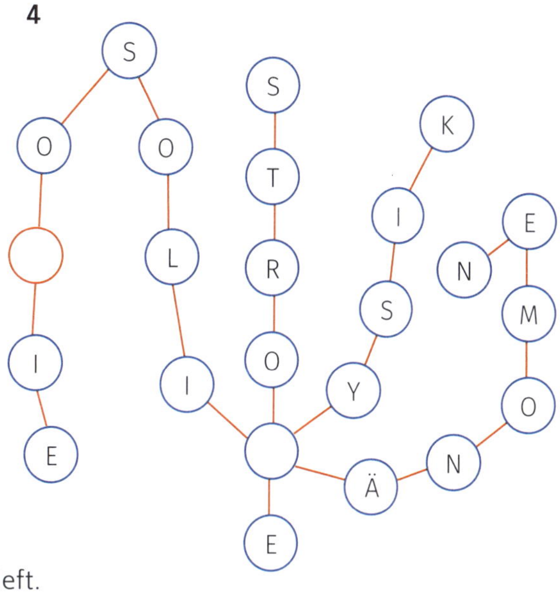

2 Schreibe die entstandenen Wörter in dein Heft.

das und *dass* unterscheiden

Merke

***das* und *dass* unterscheiden**

Artikelwort, Demonstrativpronomen und **Relativpronomen *das*** schreibst du mit ***s***. Die **Subjunktion *dass*** schreibst du mit **ss**.

1 Verbinde die ungewöhnlichen Wünsche jeweils zu Sätzen mit *das* oder *dass*. Schreibe die Sätze in dein Heft.

Merkwürdige Wünsche

- Schiff (soll niemals untergehen)
- Bild (soll sich selbst malen)
- Fahrrad (soll keinen Platten bekommen)
- Eis (soll nie schmelzen)
- Heft (soll alle Fehler selbst verbessern)
- Klavier (soll von selbst spielen können)

Ich wünsche mir ein Schiff, das niemals untergeht. oder
Ich wünsche mir, dass das Schiff niemals untergeht.

2 Was muss in den Lücken des folgenden Textes stehen: *das* oder *dass*? Überprüfe, ob du dieses/welches/jenes einsetzen kannst.

Wie gelingt die Flucht aus dem Gefängnis?

Wir legen aus Streichhölzern ein Gefängnis, ___*das*___ aus zwei Wänden, einem Boden und einem ________ Dach besteht. ________ Dach konstruieren wir so, ________ wir ein Streichholz abknicken, ________ einen schönen Giebel ergibt. In die Mitte legen wir ein abgebrochenes Streichholz, ________ ist der Gefangene. Wie können wir nun den Gefangenen befreien, ohne ________ ein Hölzchen aufgenommen oder ________ Gefängnis berührt wird? ________ ist ganz einfach: Wir tropfen ein wenig Wasser auf die Bruchstelle des Dachs, so ________ es sich bald nach oben biegt und der Gefangene entkommen kann.

Wissen und Können

Die Ersatzprobe zur Ermittlung von *das* und *dass*

Wenn du für das Wort ***das*** *dieses, jenes, welches* einsetzen kannst, wird es immer **mit einfachem *s*** geschrieben. Wenn du so vorgehst, nennt man das **Ersatzprobe**.
In den **anderen Fällen** schreibt man das **Wort mit *ss***.

3 Wende bei den folgenden Sätzen die Ersatzprobe an.
Beispiel: Das Fahrrad gehört mir. – *Dieses Fahrrad gehört mir.*

1 Wasser, das zu lange kocht, verdunstet. – ______________________

____

2 Ich esse das nicht gern. – ______________________

____

3 Ein Auto, das kein Benzin hat, fährt nicht. – ______________________

____

4 Wegen des schlechten Wetters fällt das Spiel aus. – ______________________

____

4 Ergänze die folgenden Sätze und nutze die Subjunktion *dass*.

1 Erinnere dich daran, *dass* ______________________

____

2 Mir fällt gerade ein, ______________________

____

3 Maike achtet darauf, ______________________

____

4 Klaus hat nicht daran gedacht, ______________________

____

Der *s*-Laut

Wissen und Können

Die Stimmhaft-stimmlos-Probe

Gesummter Bienen-*s*-Laut (stimmhaft)
Man kann das ***s* gesummt** sprechen wie z. B. in *eisig*. Wenn du deine Hand beim Sprechen auf den Kehlkopf legst, kannst du das Summen fühlen.
Gezischter Schlangen-*s*-Laut (stimmlos)
Man kann das ***s* gezischt** sprechen wie z. B. in *draußen*. Das kannst du nur hören und nicht fühlen. Diese Unterscheidung in der Sprache ist auch für die Rechtschreibung wichtig.

1 Sprich die folgenden Wörter deutlich aus. Unterstreiche anschließend alle Wörter, in denen du einen stimmhaften, gesummten *s*-Laut hörst.

Tasse ▪ Gräser ▪ fließen ▪ Gas ▪ messen ▪ weiß ▪ begossen ▪ Haus ▪ Masse ▪ Straße ▪ blasen ▪ Fuß ▪ Lose ▪ heißen ▪ Schlüssel ▪ liest ▪ reißen ▪ Bremse ▪ lassen ▪ Glas ▪ Gänse ▪ Grüße ▪ passen ▪ Eis ▪ niesen ▪ Kasse ▪ Bläser ▪ groß ▪ Los ▪ Häschen ▪ Klöße

2 Trage die Wörter aus Aufgabe 1 in die passenden Spalten der folgenden Tabelle ein.

stimmhaft, gesummt ausgesprochener *s*-Laut	**stimmlos, gezischt ausgesprochener *s*-Laut**		
s geschrieben	**s geschrieben**	**ß geschrieben**	**ss geschrieben**

Regel

Schreibung der *s*-Laute, wenn du den gesummten und gezischten Laut unterscheiden kannst

Der **gesummt** ausgesprochenen, **stimmhafte *s*-Laut**, der Bienen-*s*-Laut, wird **immer** mit **einfachem *s*** geschrieben (*Hase, Gläser, reisen*). Um die Schreibung am Wortende zu klären und den verdeckten gesummten *s*-Laut zu entdecken, muss das Wort **verlängert** werden:

- *Maus* → *Mäuse* → stimmhafter *s*-Laut → Schreibung: ***s***
- *er liest* → *lesen* → stimmhafter *s*-Laut → Schreibung: ***s***

Für den **gezischt** ausgesprochenen, **stimmlosen *s*-Laut** gibt es **drei Schreibweisen**: mit ***s***, mit ***ss*** und mit ***ß*** (*Haus, Pass, Grüße*).

- am **Wortanfang**: Der *s*-Laut wird **immer mit *s*** geschrieben (*Sahne*).
- im **Wortinneren**:
  - ***ss*** nach **kurzem** betonten Vokal (*hassen, Klasse*)
  - ***ß*** nach **langem** betonten Vokal oder Diphtong (Hilfe: wenn in der Wortfamilie *ss* oder *tz* zu finden ist): *fließen – Flüsse; gießen – gegossen; Schweiß – schwitzen.*

3 Suche zu den folgenden Wörtern mehrere verwandte Wörter, in denen du einen stimmhaften *s*-Laut hörst. Sprich die Wörter deutlich aus.

er liest: ______________________________

Glas: ______________________________

sie saust: ______________________________

ihr verreist: ______________________________

sie bewies: ______________________________

er bläst: ______________________________

4 Schreibe die folgenden Wörter in alphabetischer Reihenfolge auf. Suche anschließend Wörter heraus, die sich reimen, und bilde lustige Paarreime damit.

zerreißen ▪ Floß ▪ heiß ▪ groß ▪ fleißig ▪ zerfließen ▪ Klöße ▪ Maße ▪ gießen ▪ Fuß ▪ weiß ▪ genießen ▪ bloß ▪ Straße ▪ dreißig

____

____

____

____

5 Welche Buchstaben fehlen in den folgenden Wörtern, ***s*** oder ***ß***? Trage die richtigen Buchstaben ein. Überlege zuvor, ob es verwandte Wörter gibt, in denen du einen stimmhaften ***s***-Laut hörst.

Gru ___	Hau ___	ich wei ___	Ei ___	Spa ___
er blie ___	Ga ___	er bei ___ t	ihr le ___ t	Lo ___ bude

6 Bilde mithilfe des Wortsterns möglichst viele Wörter, die mit ***ss*** geschrieben werden.

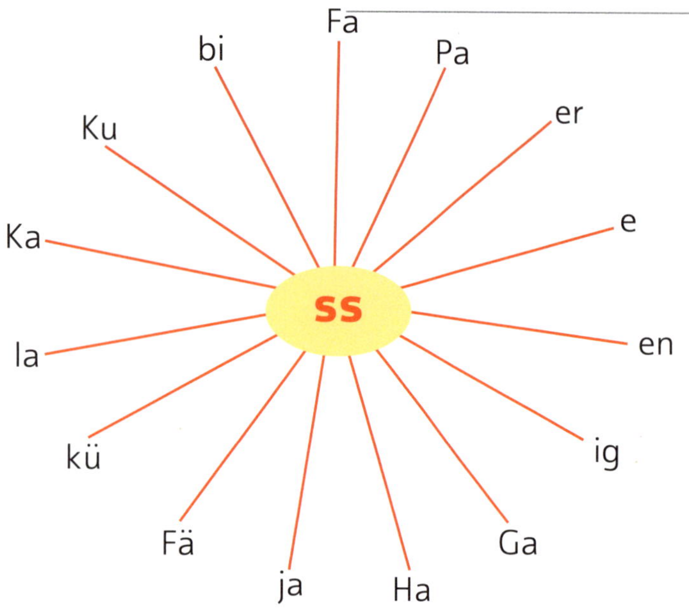

7 Suche zu den folgenden Wörtern jeweils ein passendes Reimwort, das mit ***ss*** geschrieben wird.

lassen – ___	müssen – ___
Kuss – ___	wissen – ___
Tasse – ___	messen – ___

8 Schreibe ein lustiges Gedicht, in dem möglichst viele der gefundenen Reimwörter vorkommen.

Merke

Wenn du die *s*-Laute nicht unterscheiden kannst

Wenn du die *s*-Laute nicht unterscheiden kannst und die *ß*-Schreibung nicht durch die Wortfamilie zu klären ist, musst du dir die **Schreibung vieler Wörter einprägen**: *Gruß, Fuß, Gras, Glas, Straße, Müsli, Käse, dreißig, scheußlich, Grieß, groß, Pause*. Sammle die Wörter mit *s*-Lauten, bei denen du unsicher bist, in deiner Merkwortkartei.

9 In den folgenden Wörtern fehlt entweder ***ss*** oder ***ß***. Trage die Buchstaben ein. Sprich das jeweilige Wort zuvor deutlich aus.
Zeichne unter den vorausgehenden Vokal einen Punkt, wenn er kurz ausgesprochen wird, und einen Strich, wenn er lang ausgesprochen wird. Denke daran, dass Doppellaute immer lang ausgesprochen werden.

sie schie___t das Flu___ufer geri___en der Spa___

die Ta___e er lä___t er flie___t der Ha___

die Fü___e das Wei___brot gego___en ein bi___chen

das Bierfa___ der Schlü___el ich hei___e gro___

10 Bilde mit den Wörtern aus Aufgabe 1 jeweils einen Satz. Schreibe die Sätze in dein Heft.

11 Manchmal ändert sich die Vokallänge vor dem *s*-Laut, wenn du verwandte Wörter bildest. Geschrieben wird dann so, wie du es bereits gelernt hast. Trage in die folgenden Wörter die richtigen Buchstaben ein.

Fluss: flie___en – geflo___en

vergessen: ich verga___ – verge___lich

Schluss: abschlie___en – abgeschlo___en

lassen: ich lie___ – gela___en

Schuss: sie schie___t – sie hat gescho___en

Biss: er bei___t – bi___ig

gießen: ich habe gego___en – Gie___kanne

12 Bilde mit den Wörtern aus Aufgabe 3 jeweils einen Satz oder ein Satzpaar wie in dem Beispiel. Schreibe die Sätze in dein Heft.
Beispiel: *Der Fluss fließt seit der Begradigung viel schneller, früher ist er langsamer geflossen.*

Mit dem Wörterbuch arbeiten

Wissen und Können

In einem Wörterbuch nachschlagen

In einem gedruckten Wörterbuch nachschlagen

- Die Wörter in einem Wörterbuch stehen in der Reihenfolge des Alphabets (mit Anfangsbuchstaben „A“ ganz vorne, mit Anfangsbuchstaben „Z“ ganz hinten).
- Auch die nachfolgenden Buchstaben sind nach dem Alphabet geordnet. Z. B. findet man die Wörter *Paddel*, *Pause*, *Pyramide* unter „P“. *Paddel* und *Pause* stehen vorne, weil ihr zweiter Buchstabe „a“ ist. *Pyramide* steht weit hinten, weil der zweite Buchstabe „y“ erst am Ende des ABC kommt. *Paddel* und *Pause* werden weiter nach ihrem dritten Buchstaben geordnet. Also steht *Paddel* vor *Pause*, weil „d“ vor „u“ im ABC kommt. So werden alle Buchstaben nacheinander nach dem ABC geordnet.
- In allen Wörterbüchern findet man „Kopfzeichen“. Das sind Zeichen oder Wörter, die links oder rechts oben auf einer Seite stehen. Diese zeigen das erste und letzte Wort der jeweiligen Seite an. Sie helfen dir dabei, dich zu orientieren.

Digital nach einem Wort suchen

- Gib zunächst den Begriff „Wörterbuch“ in eine Suchmaschine im Internet ein und schau dir verschiedene Wörterbücher an. Tauscht euch in der darüber aus, welche Aufmachung und Herangehensweise der euch am meisten anspricht.
- Digitale Wörterbücher haben meist ein Suchfeld, in das du dein Wort eingeben kannst. Nach wenigen eingegebenen Buchstaben kommen dann bereits Vorschläge. Das hilft vor allem dann, wenn du dir unsicher bist, wie ein Wort geschrieben wird.

1 Wenn du mit einem Wörterbuch arbeiten willst, musst du dich im Alphabet auskennen. Welche vier Buchstaben fehlen hier? Schreibe sie darunter.

A ▪ B ▪ D ▪ E ▪ F ▪ G ▪ I ▪ J ▪ K ▪ L ▪ M ▪ N ▪ P ▪ Q ▪ R ▪ S ▪ ▪ T ▪ U ▪ W ▪ X ▪ Y ▪ Z

Es fehlen: ____, ____, ____, ____

2 Ordne die folgenden Wörterlisten jeweils in alphabetischer Reihenfolge.

- Westen, Süden, Norden, Osten

____

- Winter, Frühling, Sommer, Herbst

____

- Geschichte, Deutsch, Sport, Englisch

____

3 Fangen mehrere Wörter mit dem gleichen Buchstaben an, so musst du sie nach dem zweiten oder dritten usw. Buchstaben anordnen. Versuche es. Die Buchstaben, auf die du achten musst, sind jeweils fett gedruckt.

- **Ta**statur, **Tu**be, **To**n, **Ti**efsee

____

- **Wei**hnachten, **Wes**tfalen, **Wel**t, **Wer**k

____

- **Span**nung, **Spo**rt, **Spaß**, **Spi**el

____

4 Die Wörter sind im Wörterbuch immer nur in einer bestimmten Form angeführt. Bei Verben musst du nach dem Infinitiv (Grundform) suchen, bei Nomen nach der Singular-Form (Einzahl) und bei Adjektiven nach der Grundstufe. Schreibe hinter die Wörter jeweils die Form, nach der du im Lexikon suchen musst.

Beispiel: Häuser – *Haus*

er liest:	*l*______________	kälter:	*k*______________
am größten:	______________	sie verreist:	______________
Gärten:	______________	Läuse:	______________
ihr gießt:	______________	sie schwimmt:	______________

5 Jetzt kannst du beweisen, dass du dich im Wörterbuch zurechtfindest. Welche Schreibweise ist jeweils richtig? Schau im Wörterbuch nach und streiche die falsche durch.

- Theater – Teather
- Geige – Gaige
- Farstunde – Fahrstunde
- Geheimnis – Geheimniss
- meißtens – meistens
- Jagd – Jagt
- niesen – nießen
- Physik – Physick
- vorraus – voraus
- herab steigen – herabsteigen
- Margarine – Margariene

Diktate für alle Gelegenheiten

Fünf-Minuten-Diktate

Wissen und Können

Mit Kurzdiktaten üben

- Diktiert euch gegenseitig am Anfang einer Stunde eines der „Fünf-Minuten-Diktate“. Ihr könnt dazu auch die Audios nutzen.
- Wörter, die ihr falsch geschrieben habt, solltet ihr gesondert üben, indem ihr sie z. B. wiederholt aufschreibt.
- Versucht, die Schreibweise einzelner Wörter zu erklären, indem ihr gelernte Regeln und die Tipps, die in diesem Heft stehen, anwendet und euch die Schreibweise jeweils gegenseitig erklärt.
- Über den Kurzdiktaten stehen die Rechtschreibbereiche, die ihr mit den Diktaten vor allem üben könnt.
- Einigen von euch wird es auch helfen, die kurzen Texte zunächst abzuschreiben. Natürlich nicht alle auf einmal, sondern immer nur einen, den ihr euch diktieren lassen wollt.

WES-128934-010

Wörter mit kurzen Vokalen Audio

- Jeder Hund braucht / seinen festen Platz im Haus / oder in der Wohnung. / Am besten ist/ ein flacher Korb mit Decke / oder einem waschbaren Kissen. / Er soll / an einer ruhigen Stelle stehen, / aber so, / dass der Hund / alles im Blick hat.
- Besonders junge Hunde / kauen gern, / um ihre Zähne / auszuprobieren. / Hunde lieben weiche Bälle, / Gummitiere, / ein Stück Holz / oder Pantoffeln. / Steine und Metall / schaden ihren Zähnen.
- Wenn ein Hund / ins Haus kommt, / braucht er ein Halsband / und eine Leine. / Außerdem benötigt er / einen Kamm und eine Bürste / für die Fellpflege. / Sein Futter muss / gesund und abwechslungsreich sein.
- An der Körperhaltung / kann man / die Stimmung eines Hundes erkennen. / Ein Hund mit eingekniffenem Schwanz / hat Angst. / Wenn der Schwanz / herunterhängt, / ist der Hund traurig.
- Wellensittiche sind / kleine Papageien, / die in der Natur / in großen Schwärmen / zusammenleben. / Sie sind sehr gesellig / und langweilen sich schnell / oder werden sogar krank, / wenn man sich zu wenig / mit ihnen beschäftigt. / Darum sollten / immer mindestens zwei Tiere / gleichzeitig angeschafft werden.

Wörter mit langen Vokalen Audio

WES-128934-011

- Hunde sind / die treuesten Begleiter des Menschen. / Sie sind sehr anhänglich, / gehorsam / und lernen eine Menge. / Hunde haben / sehr gute Ohren und Spürnasen. / Darum werden viele von ihnen / als Wachhunde gehalten.
- Wölfe sind Raubtiere, / die in Rudeln / leben und jagen. / Anführer eines Rudels sind / der Leitwolf und seine Gefährtin. / Auch Hunde brauchen ein Rudel. / Das ist die Familie, / in der sie leben.
- Hunde sehen / sehr unterschiedlich aus. / Sie sind klein oder groß, / haben spitze oder runde Schnauzen, / kurzes oder langes Fell / in vielen Farben. / Die meisten Hunde / werden heute / als Familienhunde / oder Begleiter des Menschen gehalten. / Darunter gibt es viele, / die besonders kinderlieb sind.

das oder *dass* Audio

WES-128934-012

- Ob Katzen etwas mögen oder nicht, / das zeigen sie / ganz genau. / Werden sie zärtlich gestreichelt, / dann schnurren sie. / Das bedeutet: / Ich fühle mich wohl. / Stupsen sie ihre Menschen / mit dem Kopf an, / wollen sie spielen. / Legen sie sich gar / auf den Rücken, / dann heißt das: / Ich vertraue dir.
- Es ist allgemein bekannt, / dass Katzen / zwar in der Wohnung leben können, / aber viel lieber / draußen umherstreifen. / Das musst du bedenken, / wenn du dir eine Katze / ins Haus holen möchtest. / Wenn du keinen Garten / zur Verfügung hast, / solltest du dir / ein geeignetes Halsband besorgen, / das es in jeder Zoohandlung gibt.

s-Laute Audio

WES-128934-013

- Meerschweinchen fühlen sich / in einer großen Kiste / besonders wohl. / Sie sollte mit Sägespänen, / Heu oder Katzenstreu / ausgepolstert sein. / Außerdem benötigen sie / ein kleines Häuschen, / in dem sie schlafen können / und Unterschlupf finden.
- Meerschweinchen sind Pflanzenfresser. / Sie fressen Obst und Gemüse, / also Äpfel und Möhren, / Salat, Wiesenkräuter / und Getreide. / Zum Trinken genügt frisches Wasser. / Nasses Futter schadet ihnen.
- Meerschweinchen quieken, / wenn sie jemanden / begrüßen wollen / oder wenn sie Hunger haben. / Das heißt dann: / Habt ihr etwa / mein Futter vergessen?
- Meerschweinchen sind / keine zu klein geratenen Schweine, / wie ihr Name vermuten lässt. / Sie gehören / zur großen Gruppe der Nagetiere / wie das Kaninchen, / die Maus oder der Hamster. / Ihren Namen erhielten sie / von Seefahrern, / die die Tiere / nach der Entdeckung Amerikas / „über das Meer“ / mit nach Europa brachten.

Wissen und Können

Mit Textdiktaten üben

- Erklärt euch gegenseitig die Schreibweise der Wörter mit den fett gedruckten Buchstaben.
- Schwierige Wörter solltet ihr herausschreiben.
- Diktiert euch anschließend gegenseitig den Text und wechselt abschnittsweise die Rolle. Ihr könnt auch die Audios nutzen.
- Nehmt eure falsch geschriebenen Wörter in eure Merkwörterkartei auf.

WES-128934-014

Hausmäuse und Feldmäuse Audio

Wei**ß**e M**äu**se und Far**b**mäuse / stammen von der Hausmau**s** ab. / Sie zä**h**lt / zu den **ä**ltesten Begleitern des Menschen. Schon vor mehr als 3000 **Jahren** / wurden in **China** / Mäuse als Haus**t**iere gezüchtet. /
Sie fre**ss**en alles, / was sie im Haus / finden kö**nn**en: / Bro**t**, Käse, Früchte, / Milch, Getreide. / Es **gibt** aber auch **viele** Mäuse, / die drau**ß**en leben: / Fel**d**-mäuse, Haselmäuse, / Stachelmäuse und Zwer**g**mäuse. / Sie fre**ss**en Getreide, / Nü**ss**e, **Obst** und Würmer.

WES-128934-015

Viel Nachwuchs Audio

Mäuse sind / gesell**ig** lebende **Nagetiere**. / Darum so**ll**ten sie / nicht a**ll**ein / in einem Käfi**g** gehalten werden. / Be**ss**er sind / **mehrere** Wei**b**chen oder Männchen / aus einem Wurf, / weil sie sich / gut miteinander vertragen. /
Mäuse beko**mm**en / sehr viel **Nachwuchs**. / Schon mit vier bis acht Wochen / kann ein Weibchen / mehrere Male im Jahr / bis zu 15 Jun**g**tiere beko**mm**en, / manchmal sogar noch **mehr**. / Deshalb sollten Männchen und Weibchen / nicht in einem Käfig / **gehalten** werden. /
Der Mäusenachwuchs / kommt na**ck**t und blin**d** / auf die Welt. / Nach zwei bis drei Tagen / begi**nn**t das Fe**ll** zu **wachsen**. / Mit 12 bis 14 Tagen / **öffnen** die kleinen M**äu**se / ihre Augen.

WES-128934-016

Der Goldhamster Audio

Der Goldhamster ist / als Haustier weni**g** geeignet. / Hamster schlafen den gan**z**en Ta**g** / und werden erst wach, / wenn wir **meist** schon im Be**tt** liegen. / Wir**d** ein Hamster am Ta**g** gewe**ck**t, / weil er spielen soll, / dann kann es **passieren**, / **dass** er zubei**ß**t. / Wer spielt schon gern, / wenn er **vielleicht sehr** müde ist? /
Au**ß**erdem ist es nicht einfa**ch**, / ihm ein Haus zu bauen, / in dem er sich wohl**fühlt**. / Goldhamster leben in ihrer Heimat / in unterirdischen Bauten / in der **Wüste**. / Auch in einem Käfi**g** wollen sie tiefe Gänge graben. / Die normalen Käfige / reichen dafür nicht aus. /
Damit sich ein Hamster / richti**g** wohlfühlt, / braucht er ein gro**ß**es **Terrarium** / und einen Menschen, / der in der Nacht / nicht **gern** schläft.